Александар Грин
ГРИМИЗНА ЈЕДРА

I0151763

Уредник
НОВИЦА ТАДИЋ

Превела
МИРА ЛАЛИЋ

Илустрације
МИЛИЦА СИМОЈЛОВИЋ

Александар Грин

ГРИМИЗНА ЈЕДРА

чаролија

РАД

БЕОГРАД, 2001.

НАСЛОВ ОРИГИНАЛА

„АЛЫЕ ПАРУСА"

феерия

Библиотека „Огонек"
Издательство „Правда"
Москва 1965.

Нини Николајевној Грин
приноси и посвећује
Писац

Санкт Петербург, 1920–1921.

I

ПРЕДСКАЗАЊЕ

Лонгрен, морнар „Ориона“, снажног једрењака од триста тона, на којем је служио десет година и за који је био јаче везан, него било који син за рођену мајку, морао је најзад да напусти службу.

То се десило овако. Приликом једног од ретких враћања кући, није издалека спазио, као што је то раније увек бивало, на прагу куће своју жену Мери, како тапше рукама, а онда, сва задихана трчи њему у сусрет. Уместо ње, поред дечјег кревеца, новог предмета у Лонгреновој кућици, стајала је забринута суседка.

– Три месеца сам је, комшо, пазила – рекла је она – погледај своју кћер!

Претрнувши сав, Лонгрен се нагао и угледао осмомесечно биће, које је усредсређено посматрало његову дугу браду, онда је сео, оборио главу и почео да увија брк. Брк је био влажан, као да је покисао.

– Кад је умрла Мери? – упитао је.

Жена је испричала тужне догађаје, прекидајући своје казивање умилним гукањем над девојчицом и уверавањима да је Мери у рају. Кад је Лонгрен сазнао детаље, рај му се учинио нешто мало бољи од шупе за дрва, па је помислио да би светлост обичне лампе – само да су сад сви они, њих троје, заједно – била неисказана радост.

Отприлике пре три месеца, домаћа ситуација младе мајке била је сасвим лоша. Од новца који јој је Лонгрен оставио, добра половина је већ отишла на лечење после тешког порођаја, као и на бригу о здрављу новорођенчета. Тако је губитак суме, али која је неопходна за живот, приморао најзад Мери да замоли Менерса за позајмицу. Менерс је држао дућан и сматрао се за имућног човека.

Зато је Мери отишла код њега једног дана у шест сати увече. Око седам, поменута Вера, суседка, срела је морнареву жену на путу за Лису. Сва уплакана и изнервирана Мери јој је рекла да иде у град да би заложила бурму. Додала је како се Менерс сложио да јој позајми новац, али под условом да му пружи љубав. Тако Мери у њиховом селу није ништа урадила.

– Немам код куће ни мрвице хлеба – рекла је суседки. – Отићи ћу у град и некако ћу да животарим до мужевљевог повратка.

Те вечери било је хладно, ветровито време; узалуд је суседка наговарала младу жену да не иде ноћу у Лису. „Пази Мери, покиснућеш, почела је киша, а ветар ће донети пљусак.“

За одлазак из овог приморског села до ближњег града и повратак требало је најмање три сата брзог хода, али Мери није послушала њене савете. „Доста ми је већ тога да Вам стално досађујем – рекла је – иначе нема ниједне породице од које нисам узајмљивала хлеб, чај или брашно. Заложићу бурму и готово.“ Отишла је и вратила се, а следећег дана, бунцајући у температури, пала је у постељу. Непогода и вечерња измаглица дотукли су је; запаљење плућа са обе стране, рекао је градски лекар кога је позвала ова добродушна жена. – Кроз недељу дана она се преселила у његову кућу, како би хранила и неговала девојчицу. Њој, усамљеној удовици, то није тешко падало. „Осим тога некако – додала је она – без овакве балавичице, досадно је самотници.“

8

Лонгрен је отишао у град, направио обрачун, опростио се од другова и почео да негује малу Асол. Док девојчица није научила сигурно да хода, удовица је живела код морнара, замењујући сирочету мајку; али чим је Асол престала да пада кад би подизала ножицу преко прага, Лонгрен је одлучно изјавио да ће одсад све сам радити око ћеркице, и пошто се захвалио удовици на помоћи, почео је да живи усамљеничким животом удовца, усредсредивши све мисли, љубав, наде и успомене на ово мало биће.

После десетак година скитачког живота, остала му је била невелика уштеђевина. Почео је сад да привређује на другачији начин. Убрзо су се појавиле у градским продавницама његове играчке – вешто направљени мајушни модели чамаца, бродића, једноспратних и двоспратних лађа, крстарица, пароброда – једном речју, свега онога што је он добро знао. Овај посао делимично му је сад замењивао и жамор лучког живота, и живописну пловидбу. На тај начин је Лонгрен зарађивао толико да је могао пристојно да живи. По природи повучен, после женине смрти постао је још затворенији и недружељубивији. О празницима су га понекад виђали у крчми, међутим, он никад не би седео, него би журно, стојећи, испијао чашицу ракије и одлазио, добацујући лево и десно „да" и „не", „довиђења", или „помало", одговарајући тако на све речи и на поздраве својих суседа. Госте није подносио; отпраћао би их, рекло би се, не грубо, него некаквим алузијама и измишљеним ситуацијама, тако да посетиоцу није остајало ништа друго, него да сам измисли свој разлог, који му није дозвољавао да још остане.

Ни он није никог посећивао; тако је између њега и његових земљака легла извесна хладна отуђеност и да не беше Лонгреновог посла – играчака –

који је био сасвим независан од села, морао би добро да осети последице таквог односа. Робу и намирнице куповао је у граду; бакалин Менерс није могао да се похвали да је чак кутију шибица купио од њега. Исто тако сам је радио и све домаће послове; стрпљиво је савлађивао сложену вештину одгајивања девојчице, што иначе није посао за мушкарца.

Асол је већ имала пет година и, гледајући њено живахно, мило лице отац би почео све нежније да се осмехује, кад би се она, седећи на његовим коленима, мучила око тајне закопчаног прслука; или кад би смешно певушила неке морнарске песме, које су иначе наликовале на дивље завијање, својим дечјим гласићем, а понекад и без гласа „р". Ове песме остављале су утисак мачета које игра са завезаном плавом машницом око врата. У то време десио се један догађај чија је сенка, падајући на оца, покрила и кћер.

Било је пролеће; рано и сурово баш као зима. Скоро три недеље потраја оштри обалски северац, који се беше приљубио уз хладну земљу.

Рибарски чамци извучени на обалу, направили су на белом песку дугачак ред од тамних прамаца, који подсећају на леђа огромних птица. Нико се није усуђивао да по таквом времену рибари. Била је реткост угледати човека на улици који је напустио кућу; хладни вихор који се кретао са ближњих брежуљака ка воденој празнини хоризонта, правио је од слободног струјања ваздуха језиво завијање. У Каперни су се од вечери пушили сви оцаци, ковитлајући дим по оштрим крововима.

Али ови дани северца чешће су мамили Лонгрена из његове топле кућице, него сунце које покривачима ваздушног злата, по ведром времену, заслепљује море и Каперну. Лонгрен је излазио на омању понту пребачену преко дугих редова колаца

– да би на самом крају тог дашчаног мола дуго пушио лулу коју је ветар распиривао. Посматрао је како се обалско дно дими у седој пени која с муком достиже огромне таласе, док звучна тутњава испуњава простор према црном немирном хоризонту читавим стадима фантастичних гривастих бића. Ове приказе јуриле су у разузданом свирепом очајању, према некој удаљеној утехи. Јечање и бука, урлајућа паљба огромних водених стубова и, рекло би се, видљиво струјање ветра који запљускује околину – изазивали су у измученој Лонгреновој души ону отупелост, која умањује јад и преображава га у нејасну сету.

Једног таквог дана је дванаестогодишњи Менерсов син, Хин, приметио да очев чамац, који је био укотвљен под понтом, удара о коце ломећи тако ивице, па је дошао и рекао то оцу. Бура је прилично брзо стигла, а дућанџија Менерс био је заборавио да извуче чамац на песак. Одмах се упутио према води и угледао на крају мола Лонгрена како стоји и пуши; био му је леђима окренут. Осим њих двојице на обали више никога није било. Менерс је ишао до средине мола, спустио се у воду која је бесно запљускивала коце и одвезао конопац; стојећи у чамцу почео је да се пробија према обали хватајући се за кочеве. Весла није узео и у једном тренутку, кад је, посрнувши, пропустио да се ухвати за наредни колац, снажни удар ветра одгурно је врх чамца према океану. Сад већ Менерс не би могао више да дохвати својом дужином тела најближи колац. Љуљајући чамац, ветар и таласи носили су га у смртоносно пространство. Пошто је схватио свој положај, хтео је да се баци у воду како би пливао према обали, али је касно донео одлуку, јер се чамац већ налазио скоро на крају мола, где су велика дубина и бес таласа обећавали сигурну смрт. Између Лонгрена и Менерса, кога је одвлачила бу-

ра у даљину, није било више од десетак хвати спа-
соносног растојања, јер је на мостићу Лонгрену под
руком висио завежљај ужета, које је на једном кра-
ју било причвршћено. Висио је тај конопац, за слу-
чај пристајања по бурном времену, и забацивао се с
понте.

– Лонгрене! – повикао је смртно преплашени
Менерс. – Што стојиш као пањ? Видиш ли да ме
вода носи; баци уже! – Лонгрен је ћутао, гледајући
мирно Менерса како се копрца у чамцу; једино му
је лула задимила нешто јаче, па је он, одуговлаче-
ћи, извади из уста, како би боље видео оно што се
пред њим догађа. – Лонгрене! – зар ме не чујеш, ги-
нем, спасавај! – Међутим, Лонгрен му не рече ни
речи; изгледао је као да не чује очајнички вапај.
Није се чак преместио ни с ноге на ногу, све док
чамац није отишао тако далеко да су се Менерсове
речи-крици једва могли чути. Ридао је дућанција
од ужаса, преклињао морнара да трчи до рибара и
позове их у помоћ; обећавао је новац, претио и за-
сипао клетвама; међутим, Лонгрен се једино поме-
рио на крај мола како не би изгубио из вида чамац,
кога море забацује с једне стране на другу, одвла-
чећи га све даље и даље. – До њега је само нејасно,
као кад се довикује некоме ко је у кући, допирало –
Лонгрене! Спаси ме!!

А онда је Лонгрен дубоко удахнувши, како се
не би у ветру изгубила ни једна једина његова реч,
повикао:

– Исто је тако и она молила! Мисли на то и не
заборављај, док си још жив, Менерсе!

Онда су крици замукли и Лонгрен је пошао ку-
ћи. Пробудивши се, Асол је приметила да је отац
дубоко замишљен и да седи поред жмиркаве лам-
пе. Кад зачу глас девојчице која га је позвала, при-
ђе, снажно је пољуби и покри ћебетом које је било
спало с ње.

– Спавај мила – рекао је – до јутра има још доста.

– Шта ти радиш?

– Направио сам црну играчку, спавај Асол!

Сутрадан становници Каперне једино су говорили о несталом Менерсу, а шестог дана лично су га довезли, полумртвог, али опаког. Његова прича брзо је облетала околна сеоца. Све до вечери море је носило Менерса који је био сав изубијан о ивице и дно чамца за време страшне буре и ужасних таласа, што се не беху смиривали ни за тренутак. Прихватио га је најзад паробред „Лукреција“ који је пловио за Касет. Назеб и стрес због доживљених ужаса, докрајчили су Менерса. Поживео је још непуна два дана, призивајући за Лонгрена све несреће које постоје и на земљи и у машти. Становнике Каперне запрепастила је Менерсова прича о томе како је морнар пратио његову погибију, а одбио да помогне; прича је била утолико упечатљивија, јер је самртник тешко дисао и јечао. Да и не говоримо о томе што је ретко ко био способан да памти и теже увреде од оних Лонгренових, и да тугује снажније, него што је он туговао за Мери до краја свога живота. Њима је било одвратно, неразумљиво, пренеражавајуће то, што је Лонгрен *ћутао*. Ћутећи све до краја, док није добацио своје речи Менерсу, Лонгрен је само стајао; стајао је непокретан, строг и тих као *судија*, изражавајући дубоко презрење према Менерсу, веће од мржње – а то су сви осетили. Да је он викао, да је гестовима, узнемиреношћу, или нечим другим изражавао своју злурадост, или своје ликовање док је гледао Менерсово очајање, рибари би га схватили; међутим, он је поступио другачије него што су они поступали – поступио је моћно, *неразумљиво*, па је тиме поставио себе изнад других; једном речју, урадио је оно што се не опрашта. Нико му се више није јављао, није му пружао руку, није му добацивао поглед познаника, који га поздравља. Заувек је остао по страни од сеоског живота; кад би га видели, дерани би за њим добацивали: „Лонгрен је удавио Менерса!“ Он на то није обраћао пажњу. Изгледа да исто тако није примећивао ни кад су рибари у крчми или на обали, међу чамцима, ћутали у његовом присуству, клонећи га се, као да је губавац. Случај са Менерсом учврстио је још више њихово раније извесно отуђивање. Како је оно сад постало потпуно, изазивало је чврсту, узајамну мржњу, чија је сенка пала и на Асол.

Девојчица је расла без другарица. Двадесеторо до тридесеторо деце њеног узраста која су живела у Каперни и као сунђер водом била прожета суровим породичним начелом, чија је основа – непоколебљиви ауторитет мајке и оца – а притом су подложна олаком подражавању као сва друга деца на свету, избрисала су сад једном за свагда малу Асол из сфере свог дружења и пажње. Јасно је да се то догодило постепено, путем утицаја и повика одраслих, што је имало карактер страшне забране; а онда, повећан предрасудама и кривим тумачењима, развио се у дечјим главицама некакав страх од морнареве куће.

Осим тога, усамљени начин Лонгреновог живота ослободио је и хистерични језик сплеткарења; причало се о морнару да је негде некога убио па да га због тога више не узимају да ради на броду и да је мрачан зато што се „кида грижом злочиначке савести“. У току игре деца су терала Асол кад би им се приближила; гађали су је блатом и задевали тиме као да је тобож њен отац јео човечје месо, а да сад прави лажан новац. Њени наивни покушаји ка зближавању, један за другим завршавали су се горким плачем, модрицама, огреботинама и другим манифестацијама *јавног мњења;* она је најзад престала да се вређа, али је још увек постављала питања оцу – „Реци, зашто нас не воле?“ – „Е Асол – одговарао би Лонгрен – зар они умеју да воле? Треба умети волети а они то не могу.“ – „Како то *умеши*?“ – „Ето тако!“

Омиљена забава била би за Асол када би понекад у предвечерја, или празником, отац остављао своје теглице с лепком, свој прибор и недовршени посао, па скинувши кецељу, сео и одахнуо са лулом у зубима а она му села у крило, па вртећи се у сигурном загрљају, додиривала различите делове играчака, распитујући се за њихову намену. Тако би почињало необично, фантастично излагање о животу и људима, излагање у коме би се, захваљујући Лонгреновом начину живота, доживљеним случајностима, случају уопште узев, затим чудним, запрепашћујућим и невероватним догађајима – давало главно место. Лонгрен би се, набрајајући девојчици називе опреме бродова и предмета за морнарску употребу, постепено одушевљавао, прелазећи од објашњавања на различита догађања у којима су играли улогу час чекрк, час крма, јарбол, или пак некакав други тип чамца и томе слично, па би од тих издвојених илустрација прелазио на широке слике морнарских лутања, упличући сујеверје у стварност, а стварност у слике своје фантазије. Ту се појављивала и *шигрова мачка*, весница бродолома и летећа риба која говори и чија се наређења морају слушати, иначе ће се скренути са правца; онда Летећи Холанђанин са својом помамном посадом, затим разни белези, привиђења, виле, пирати – једном речју, све оне измишљотине које су скраћивале морнарима доколицу у време бонаце, или приликом седења у омиљеним крчмама. Лонгрен је такође причао и о онима који су се одучили од говора, о тајанственим ризницама, о робијашким бунама и о много чему другом што је девојчица слушала са више пажње, него можда кад је први пут чула за Колумбову причу о новом континенту. „Де, причај још“ – молила је Асол кад би замишљени Лонгрен ућутао, па би заспала на његовим грудима са главом пуном чудесних снова.

Такође би јој било велико, право-правцато задовољство кад би се код њих појавио продавац из градског дућана за играчке, који је радо откупљивао Лонгренове рукотворине. Да би одобровољио оца и купио робу јефтиније, продавац је доносио за девојчицу две јабуке, слатки колачић и шаку ораха. Лонгрен би обично тражио праву вредност јер није волео ценкање, а продавац је смањивао цену. „Ех – говорио би Лонгрен – ја сам недељу дана седео над тим бродићем. Лађица је од пет палаца. Гледај каква чврстина, а газ, а трајност? Она ће издржати петнаестак људи по сваком времену“. Завршавало се тиме што је тихо трчкарање девојчице која је мрмљала над својом јабуком, лишавало Лонгрена упорности и воље да се објашњава; он би попуштао, а насмејани продавац, напунивши корпу дивним, јаким играчкама, одлазио би.

Све домаће послове Лонгрен је сам радио: цепао дрва, ложио ватру, носио воду, кувао, прао, пеглао рубље, а осим тога, успевао је и новац да заради. Кад је Асол напунила осам година, отац је научи да чита и пише. Почео је понекад да је води и у град, а онда, кад је то било потребно, да је чак и саму пошаље да прими новац у радњи, или да однесе робу. То се није догађало често, мада је варошица Лиса лежала само четири врсте од Каперне; али, пут до ње водио је кроз шуму. А у шуми штошта може да заплаши децу; ипак, није згорег бити опрезан. Због тога би је Лонгрен слао у Лису само у лепе дане када је честар пун сунчевог сјаја, боја и тишине, тако да Асолиној маштовитости нису претили никакви фантоми њене уобразиље.

Једном, приликом таквог одласка у град, девојчица је села поред пута да поједе комад колача који јој је био у корпици. Гризући, разгледала је играчке; испало је да су две-три за њу биле сасвим нове; Лонгрен их је у току ноћи био направио. Таква једна играчкица била је и мајушна тркачка јахта; на овом белом бродићу била су пурпурна једра, направљена од комадића свиле коју је Лонгрен употребљавао за облепљивање бродских кабина, за оне играчке намењене богатим купцима. Очигледно да у овом случају, правећи јахту, није за једра нашао одговарајући материјал, него је употребио оно што се нашло – комадиће црвене свиле. Асол се одушевила. Пламена, весела боја, тако је јарко горела у њеним рукама, баш као да је држала ватру. Пут је пресецао поток с мостићем од пребачених облица; поток је и са једне и са друге стране пролазио кроз шуму. „Ако је пустим да мало плови – размишљала је Асол – неће се поквасити, обрисаћу је после.“ Пошла је низ поток кроз шуму, и у једном тренутку, покрај саме обале, пажљиво спустила у воду јахту, којом се одушевљавала: једра су истог тренутка блеснула пурпурним одсјајем по прозирној води; светлост која се пробијала кроз материју, својим дрхтавим, ружичастим зрацима беше полегла по белуцима на дну потока. „Откуда долазиш, капетане?“ – озбиљно је упитала Асол измишљено лице и, одговарајући сама себи, рекла – „Долазим... долазим... из Кине.“ – „А шта си довезао?“ – „Шта год сам довезао, да довезао, о томе нећу да причам.“ – „Аха, значи тако, капетане! Е онда ћу те ставити назад у корпу.“ Само што се капетан припремио да мирно одговори како се само нашалио, и како је спреман да јој покаже слона, кад ти одједном тихи ток обалске струје окрену јахту кљуном према средини потока, и као да је изистинска, она поче равномерно да плови низ воду, напустивши обалу пуном паром. У једном трену измениле су се размере видљивог: поток је девојчици сад изгледао као огромна река, а јахта удаљени велики брод према коме је она, преплашена и запрепашћена, пружала руке, падајући скоро у саму воду. „Капетан се уплашио“, помислила је Асол, па је потрчала за играчком која је отпловила, надајући се да ће негде пристати уз обалу. Док је сва ужурбана вукла корпу, која иначе није била тешка, али јој је сметала, Асол је понављала – „Ах Боже! Само да те дохватим.“ Правила је напоре да не изгуби из вида лепи троугао једара који је равномерно одмицао; спотицала се, падала и поново трчала.

Никад Асол није тако дубоко зашла у шуму као сада. Обузета нестрпљивом жељом да дохвати играчку, није се освртала ни лево ни десно; а поред обале, уз коју се мајала, било је подоста препрека које су јој одвраћале пажњу. Маховинаста стабла полеглог дрвећа, јаме, висока папрат, глог, јасмин и леска, ометали су је на сваком кораку; савлађујући их, она је постепено губила снагу, заустављала се све чешће како би предахнула, или склонила с лица лепљиву паучину. А кад се на широким испустима беше протегло бодљикаво тршчано шипражје, Асол сасвим изгуби из вида пурпурно светлуцање једара, па заобишавши завојницу потока, поново их угледа како непоколебљиво и одмерено јуре све даље и даље. У једном тренутку осврну се око себе запрепашћена густином шуме, са оном шароликошћу која се прелива од задимљених светлосних стубова па све до вечног сумрака. Она се уплаши, присети се играчке, неколико пута испусти „јао, јао, јао“, и потрча из све снаге.

У тако мучном и узнемиреном трчању, прође јој скоро читав сат, док с чуђењем, али и са олакшањем, угледа како се дрвеће испред ње слободно размиче и пропушта морску пучину, облаке и крајичак жутог пешчаног обронка. Скоро падајући од умора, Асол истрча на њега. Овде се баш налазило ушће оног потока, који је сад постао нешто мањи и плићи. Асол примети како поред потока, на заравњеном, великом камену седи неки човек окренут леђима, држи њену одбеглу јахту, разгледа је са свих страна, рекло би се, при том са оном радозналошћу слона, који је ухватио лептира. Умирена донекле тиме што је играчка ипак цела, Асол приђе непознатом човеку сасвим близу па се загледа у њега упитним погледом, очекујући да он подигне главу. Међутим, незнанац се беше тако удубио у разматрање шумског изненађења да је девојчица успела да га натенане разгледа од главе до пете, и дође до закључка да човека сличног овоме, није још никад у животу видела.

Пред њом међутим, не беше нико други до Егл, чувени скупљач песама, легенди, предања и бајки, који иначе увек путује пешице. Његове седе коврџе падале су у праменовима – испод сламеног шешира; сива блуза увучена у плаве панталоне и високе чизме давала му је изглед ловца, а бела крагна, кравата, појас украшен сребрном копчом, штап и торба с новим никлованим затварачем – одавали су грађанина. Његово лице, ако је уопште могуће назвати лицем нос, уста и очи, што све скупа извирује из бујно израсле браде, из богатих, сурих и увис подигнутих бркова, изгледало би опуштено и прозрачно да није било очију сивих као челик, блиставих као чисти песак, а уз то смелог и снажног погледа.

– А сад ми дај то – несигурно рече девојчица. – Наиграо си се довољно. Како си је само ухватио?

Егл је подигао главу и испустио јахту – тако је неочекивано зазвучао Асолин гласић. Осмехујући се старац поче да је разгледа, пропуштајући браду кроз своју велику жилаву песницу. Њена испрана цицана хаљиница једва да је покривала до колена мршаве, препланулe ноге. Тамна густа коса, скупљена у репић, била је спала на њена плећа. Свака Асолина изразито танушна и чиста црта, подсећала је на ластавичин лет. Тамне очи тужног и упитног одсјаја, изгледале су нешто старије од лица; њен неправилни, мекани овал, био је осенчен изванредном препланулошћу, коју има само здрава белина коже. Полуотворена малена усташца блистала су благим осмехом.

– Кунем се браћом Грим, Езопом и Андерсеном – рече Егл, гледајући час на девојчицу, час на јахту – то је нешто изузетно! Слушај ти, биљчице! Је ли то твоја стварчица!

– Да, трчала сам за њом све поред потока; мислила сам да ћу умрети. Зар је она била овде?

– Поред самих мојих ногу. Бродолом је разлог, да ја у својству обалског пирата, могу да ти уручим тај плен. Јахту, коју је напустила посада, избацио је на песак талас од три палца – између моје леве пете и врха штапа. – Егл залупа мотком. – Како ти је име, малецна?

– Асол – рече девојчица, стављајући у корпу играчку коју јој је Егл дао.

– Добро, продужи старац свој неразумљиви говор, не скидајући с ње очи, у којима је светлуцао осмех дружељубивог расположења. – У ствари, ја нисам ни морао да питам за твоје име. Лепо је што је оно тако чудно, двосложно, као музика, као звиждук стреле или шум морске шкољке; шта бих ја радио да се ти зовеш једним од оних складних, али неподношљивих имена, која су туђа Дивној Неизвесности? Утолико пре не желим да знам ни ко си ти, ни ко су твоји родитељи, ни како живиш. Зашто нарушавати чаробност? Седећи на овом камену, бавио сам се упоредним изучавањем финских и

јапанских сижеа... кад ти ево, поток одједном испљусну ову јахту, а онда се појави и ти... таква каква јеси. Ја сам, драга моја, песник у души – мада никад нисам писао песме. Шта то имаш у корпици?

– Лађице – рекла је Асол, машући корпицом – ево још и пароброд и три кућице са заставама. У њима живе војници.

– Одлично, тебе су послали да продајеш. Успут си се заиграла. Пустила си јахту да мало плови, а она је побегла. Зар није тако?

– Зар си ти то видео? – са сумњом упита Асол, правећи напор да се присети, да му није сама она то рекла. – Ко ти је то рекао? Или си ти погодио?

– Ја сам то знао.

– А како?

– Зато што сам ја главни чаробњак.

Асол се збунила; њено изненађење због ових Егглових речи граничило се са страхом. Пуста морска обала, тишина, мучни догађај са јахтом, неразумљиви говор старца светлуцавих очију, величанственост његове браде и косе, девојчици су изгледали као мешавина натприродног и стварног. Ако би се сад Егл нашалио и направио гримасу или повикао нешто – девојчица би, премрла од страха, одјурила плачући. Али Егл, приметивши како су се широко отвориле њене очи, нагло промени тон.

– Не треба мене да се плашиш – озбиљно рече. – Напротив, хтео бих с тобом да поразговарам чиста срца.

„Спонтано очекивана лепота, блажена судбина – закључи он. – Ах, што се нисам родио као писац? Какав диван мотив.“

– Добро – продужи Егл, трудећи се да оконча необичну ситуацију – добро Асол, слушај ме пажљиво. Био сам у том селу одакле вероватно ти долазиш; једном речју, у Каперни. Волим бајке и песме и тамо сам преседео читав дан, трудећи се да чујем нешто што досад нико није чуо. Али, код вас не причају приче. Не певају песме. И ако причају и ако певају, онда увек оне догодовштине о лукавим сељацима и војницима у којима се вечито хвали лоповлук; оне прљаве као неопране ноге, грубе као крчање у цревима, кратке строфе с ужасним мотивима... Стани, мало сам се заплео. Поново ћу да ти кажем.

Размисливши, овако је продужио:

– Не знам колико ће проћи година, тек у Каперни ће се расцветати једна бајка, која ће се дуго памтити. Једног јутра – под сунцем, у морској даљини, блеснуће гримизна једра. Пресецајући таласе, блистава маса порфирно црвених једара на белом броду, кренуће право према теби. Тихо ће пловити тај чудесни брод, без вике и пуцњаве; на обали ће се сакупити много света, чудећи се и изненађујући се; а и ти ћеш тамо стајати. Брод ће величанствено допловити уз саму обалу, уз звуке дивне музике; од њега ће отпловити један брзи чамац, сав окићен ћилимовима, сав у злату и цвећу. „Зашто сте дошли? Кога тражите?“ – упитаће људи на обали. Онда ћеш ти угледати одважног, лепог принца; он ће стајати и пружати према теби руке. „Добар дан, Асол! – рећи ће. – Далеко-далеко одавде видео сам те у сну и дошао сам да те одвезем собом заувек у моје царство. Живећеш тамо са мном у долини пуној ружа. Имаћеш све што зажелиш; нас двоје живећемо тако лепо и весело, да никад твоја душа неће знати за сузе и тугу.“ – Прихватиће те на чамац, одвешће те на брод и ти ћеш отпловити у светлу земљу где сунце излази и где се звезде спуштају с небеса да би поздравиле твој долазак.

– И то све мени? – тихо упита девојчица.

Њене озбиљне очи постале су ведрије, у њима је засијала вера. Да је он стварно некакав *страшни*

24

чаробњак, јасно је да не би тако говорио, па му се зато она не би ни приближила.

– Можда је он већ дошао... тај брод?

– Неће тако брзо – успротиви се Егл – као прво, како сам ти већ рекао, треба да порастеш. Онда... Шта више да причамо? То ће *бити* и крај. Шта би ти тад урадила?

– Ја? – Она је погледала у корпу, али, очигледно тамо ништа није нашла што би послужило као одговарајућа награда за све то. – Ја бих га волела, журно је рекла и мало колебљиво додала: – Ако ме не буде тукао.

– Не, неће те тући – рекао је чаробњак, подмигнувши тајанствено – неће, јемчим ти то засигурно. Иди, девојчице, и не заборави шта сам ти рекао, између два гутљаја мирисне ракије и размишљања о робијашким песмама. Иди. Нек буде мир у твојој главици са паперјастом косицом.

* * *

Лонгрен је радио у својој малој башти и окопавао кромпир. Подигавши главу, угледао је како Асол јури као без главе према њему са радосним и нестрпљивим изразом лица.

– Знаш шта... – рече она, трудећи се да дође до даха и хватајући се обема рукама за очеву кецељу. – Слушај шта ћу ти рећи... На обали, онамо, далеко, седи чаробњак...

Почела је од чаробњака и његовог интересантног предсказања. Узбудљиве мисли су јој сметале да исприча све што се догодило. Онда је дошло описивање чаробњакове спољашности и – обратним редоследом – јурњава за испуштеном јахтом.

Лонгрен је слушао девојчицу без осмеха, па кад је она завршила, уобразиља му је брзо нацртала непознатог старца са мирисном ракијом у једној руци и играчком у другој. Он се окрену, али, присетивши се да у великим тренуцима дечјег живота треба да буде озбиљан и заинтересован, свечано је потврђивао главом, говорећи: – Тако, тако, по свему судећи није нико други до чаробњак. Хтео бих ја да га видим. А ти, кад опет будеш ишла у град, немој никуд да скрећеш; лако се залута у шуми.

Пошто је бацио лопату, седе поред ниске ограде од шибља и узе девојчицу у крило. Иако веома уморна, она је покушала да дода још неке појединости, али врућина, узбуђење и малаксалост, вукли су је у сан. Очи су јој се склапале, глава јој беше клонула на снажно очево раме, само тренутак – и она би отишла у земљу снова, да се није одједном, узнемирена изненадном сумњом, усправила и, затворених очију, упирући песницом у Лонгренов прслук, упитала:

– Шта ти мислиш, да ли ће доћи чаробњаков брод за мене или неће? – Доћи ће, мирно је одговорио морнар – ако су ти рекли, значи да ће тако и бити.

„Порашће, заборавиће – помислио је он – а дотада, не треба да ти отимам *такву* играчку. – Много ћеш у животу да видиш не само гримизних, него и прљавих и пљачкашких једара, издалека искићених и белих, а изблиза исцепаних и гадних. Пролазник се само нашалио с мојом девојчицом. Па шта онда? Добра шала! Ништа друго, до шала! – Види само како си се заморила – пола дана у шуми, у честару! А што се тиче црвених једара, мисли као и ја: имаћеш гримизна једра.“

Асол је спавала. Лонгрен је другом, слободном руком дохватио лулу, запалио, и ветар је понео дим кроз плот и жбун који је растао са спољашње стране ограде. Поред жбуна, леђима окренут према огради, седео је и жвакао лепињу неки млади просјак. Очев разговор са девојчицом орасположио га је, а мирис доброг дувана наоштрио на плен.

– Дај, домаћине, сиротом човеку да запали – рече он кроз тарабу.

– Дао бих ти – одговори на пола гласа Лонгрен – али ми је дуван у оном џепу.

– Чудна ми чуда! Пробудиће се, поново ће заспати, а пролазник би могао да запуши.

– Де-де, ти ипак ниси сасвим без дувана – успротиви се Лонгрен – а дете се уморило.

Просјак презриво отпљуну, закачи на штап завежљај и пакосно добаци:

– Гле, молим те, принцеза. Тутнуо си јој у главу те морске бродове. Ех, луда-луда; и то ми је некакав домаћин!

– Слушај ти – шапну Лонгрен, ја ћу је и разбудити, али само зато да бих те добро излемао. Губи се одавде!

Кроз пола сата просјак је са булументом рибара седео у крчми за столом. Иза њих, вукући час мужеве за рукав, час склањајући преко њихових рамена чашу с ракијом – разуме се – за себе, седеле су гломазне жене с густим обрвама и рукама округлим као облутак. Беснећи од увреде, просјак је причао:

– ...И не даде ми дувана. „Кад достигнеш, каже, зрелост, онда ће, каже, доћи нарочити брод... за тебе. Јер је твоја судбина да пођеш за принца. И томе, каже, чаробњаку, веруј“. А ја му кажем: „Пробуди је, пробуди, да ми дувана даш.“ И он ти је тако онда за мном до пола пута јурио...

– Ко? Шта? О чему причате? – чули су се радознали женски гласови.

Лагано окрећући главе, рибари су подсмешљиво објашњавали:

– Лонгрен је с ћерком подивљао, а можда им се и разум помутио; ево, човек прича. Чаробњак је био код њих. Они чекају – те-ткеее! – пазите да не пропустите! – ни мање ни више, него прекоморског принца и то још под гри-миз-ним једрима!

Враћајући се после три дана из градског дућана, Асол је први пут чула:

– Еј, гадуро! Асол! Погледај овамо! Гримизна једра!

Тргнувши се, девојчица је спонтано погледала испод руке на морску пучину. Онда се окренула према узвицима; на двадесетак корака од ње стајала је група дечака; правили су гримасе и плазили језике. Уздахнувши, она је отрчала кући.

II

ГРЕЈ

Ако је Цезар сматрао да је боље бити први у селу него други у Риму, онда Артур Греј није морао да завиди Цезару што се тиче његове мудре жеље. Он се родио као капетан, хтео је да то буде и то је постао.

Огромна кућа у којој се родио, била је изнутра мрачна, а споља величанствена. Предњу фасаду додиривали су цветњаци и део парка. Најбоље врсте лала: сребрнасто-плавичасте, љубичасте и црне с ружичастом сенком – извијале су се по травњаку у линијама као фантастичне разбацане огрлице. Старо дрвеће дремало је у парку, у расутој полусветлости над локвањима у потоку, који је туда вијугао. Ограду замка, јер је то био прави замак, чинили су спирални гвоздени стубови, повезани гвозденим орнаментом. Сваки стуб завршавао се на врху раскошним металним љиљаном; те су се чашице у дане светковина пуниле уљем да би у широком ватреном реду гореле у ноћној тами.

Гејов отац и мати били су горди заточеници свог положаја, богатства и закона оног друштва, у којем су могли да говоре „ми". Онај део њихових душа, запослен око галерије предака, мало је достојан приказивања; онај други пак – замишљено продужавање галерије – отпочињао је малим Грејом, коме је предодређено било, према унапред сачињеном плану, да проживи живот и тако да умре, како би и његов портрет могао да буде окачен о зид; притом, без штете по породичну част. Међутим, у том плану била је направљена мала грешка: Артур Греј родио се са живом душом која уопште није била склона да продужи ту линију према породичној замисли.

Та живост ума, та потпуна дечакова настраност почела је да се појављује у осмој години живота; био је тип витеза необичних утисака, пустолова и чудотворца, то јест, тип човека који је, из безбројне разноврсности животних улога, узео ону најопаснију и најдирљивију – улогу *провиђења*. Припадност томе типу запажала се код Греја још онда, кад је ставио поред зида столицу да би дохватио слику која приказује распеће, и кад је извукао ексере из окрвављених Христових руку, тј. просто их је премазао плавом бојом коју је тајно узео од молера. Налазио је да је слика у таквом виду сношљива. Обузет интересантним послом, почео је већ и ноге распетог Христа да замазује, али га је изненадио отац. Човек је скинуо дечака са столице и, држећи га за уши, упитао:

– Зашто си покварио слику?

– Ја је нисам покварио.

– То је рад чувеног сликара.

– Шта ме се то тиче – рекао је Греј. – Не могу да дозволим да у мом присуству штрче ексери из руку и да тече крв. Ја то нећу.

Прикривши осмех под бркове, Лајонел Греј препознао је у синовљевом одговору себе, те га није казнио.

Греј је неуморно изучавао замак и откривао невероватне ствари. Тако је на тавану нашао челични витешки оклоп, књиге повезане у метал и кожу, иструлелу одећу и јато голубова. У подруму, где се чувало вино, добио је занимљиве податке који су се односили на лафит[1], мадеру[2] и херес[3]. Овде су се у

---

[1] Лафит, [2] Мадера, [3] Херес – врсте вина (*Прим. прев.*).

мутној светлости прозора са шиљатим врховима, које је притискало лучно, троугласто камење по сводовима, налазила мала и велика бурад; а оно највеће, у облику пљоснатог круга, заузимало је целу попречну страну подрума, док се његова стогодишња тамна храстовина преливала као да је полирана. Међу бурадима стајали су сламом оплетени трбушасти балони од зеленог и плавичастог стакла. По каменом позеленелом поду расле су сиве печурке на танушним ножицама; свугде плесан, маховина, влага, кисео задах који гуши. У удаљеном углу златила се огромна паучина, нарочито кад би је предвечерње сунце посматрало својим последњим зрацима. На једном месту била су закопана два бурета с најбољим аликанте[4], које је постојало у време Кромвела. Показујући Греју један празан угао, подрумар није пропустио да понови историју чувеног гроба у којем је некад лежао један мало живљи мртвац, него што је то био чопор фокстеријера. Започињући причу, старац није заборавио да провери ради ли славина на великом бурету, и одлазио је затим од њега очигледно лаког срца, јер су спонтане сузе неизмерне радости блистале у његовим веселим очима.

– Е, даклем – говорио је Полдишок Греју, док је седео на празном сандуку и ћушкао у свој оштри нос дуван – видиш ли ти ово место? Тамо лежи такво вино за које би многе пијанице дале реч да ће пресећи себи језик, само када би им се допустило да наточе макар по једну чашицу. У сваком бурету је по сто литара сока који доводи душу до експлозије, а тело претвара у непокретно тесто. Његова боја тамнија је од вишње и оно не тече из флаше. Густо је као добра павлака. Заробљено је у бурадима од црног дрвета, чврстог као гвожђе. На њима

---

[4] Аликанте – врста вина (*Прим. прев.*).

су двоструки обручи од црвеног бакра. На обручима је натпис на латинском језику – „Попиће ме Греј кад буде у рају". Тај су натпис тумачили тако нашироко и различито да је твој прадеда, племенити Симеон Греј, саградио вилу и дао јој име „Рај", мислећи да ће на тај начин загонетну изреку усагласити са стварношћу, и то, помоћу наивне оштроумности. Али шта мислиш? Умро је од срчаног удара чим су почели да скидају обруч – толико се био узбудио лакоми дедица. Од тог доба то буре нису дирнули. Дошло се до уверења да драгоцено вино доноси несрећу. У ствари, такву загонетку није задавала ни нека египатска сфинга.

– Изгледа да опет капље из славине – прекидао је сам себе Полдишок; кривудавим корацима јурио би према углу где је на бурету завртао славину и враћао би се опет отвореног, светлог лица. – „Хм! Испиће ме Греј, кад буде у рају!" Како то да се схвати? Испиће ме кад умре, шта ли? Даклем, он је светац, не пије ни вино ни обичну вотку. Рецимо да тај „рај" означава срећу; али ако се тако постави питање, свака срећа ће изгубити половину својих сјајних одлика, кад срећник искрено сам себе упита: да ли је баш то рај? Ето видиш, у томе је виц. Да би се лаког срца напио из таквог бурета, дечачићу мој, и да би се смејао, и то да би се добро смејао, треба једном ногом стајати на земљи а другом на небу. Постоји још и трећа претпоставка: некад ће се један Греј напити до блажено-рајског стања и дрско опустошити буренце. Међутим, дечачићу мој, то не би било испуњење предсказања, него кафански скандал."

Уверивши се још једном у исправно стање славине на великом бурету, Полдишок је усредсређено и мрачно завршавао:

– Ову бурад довезао је твој предак Џон Греј 1793. године из Лисабона, и то на броду „Бигл"; за вино је било плаћено две хиљаде златних дуката. Натпис на бурадима урадио је пушкар Венијамин Елија из Пондишера. Бурад су била закопана у земљу и посута цеђом од лозе. Ово вино нико није пио, нико није пробао и нико га неће пити.

– Ја ћу га попити – одједном рече Греј, лупнувши ногом.

– Ето храброг младог човека! – примети Полдишок. – И ти ћеш га испити у рају?

– Наравно. Ево га рај!... Код мене је, видиш!? – Греј се тихо засмеја и отвори своју малену шаку. Длан нежан, али чврстих линија, озари сунце и дечак стеже прсте у песницу. – Ево, овде је!... Час га има, час га нема...

Док је ово говорио, наизменично је отварао и стезао песницу, и најзад, задовољан својом шалом, истрча испред Полдишока преко мрачног степеништа у хол, који је био у партеру.

Посећивање кухиње било је Греју строго забрањено, али кад је већ једном открио тај дивни свет паре који букти у ватри огњишта, свет чађи, цврчања, клокотања узаврелих течности, куцкања ножева и пријатних мириса – дечак је почео усрдно да посећује ову огромну просторију. Озбиљно ћутећи, кувари су се кретали као жреци; на позадини поцрнелих зидова, њихове беле капе давале су раду карактер свечаног обреда; поред бачви с водом, веселе, дебеле слушкиње прале су судове, лупкајући успут порцеланом и звецкајући сребром; неки дечаци, савијени под теретом, уносили су корпе напуњене рибом, остригама, раковима и воћем. Нешто мало даље, на другом столу, лежали су распорени фазани, сиве патке и шарене кокошке; а на оном крају – очишћено прасе са кратким репићем и затвореним окицама; тамо пак: репа, купус, ораси, суво грожђе и зреле брескве.

Греј се у кухињи осећао донекле бојажљиво; из-
гледало му је да овде све покрећу некакве мрачне
силе у чијој се власти крије тамна полуга живота;
узвици су звучали као команда и заклетва; покрети
особља су захваљући дуготрајној навици, стекли
ону јасну одређену прецизност, која је изгледала
као надахнуће. Греј још увек није био тако висок
да би могао да завири у ону највећу шерпу која се
димила попут Везува, па је због тога према њој
осећао неко нарочито поштовање; дрхтао је док је
посматрао како је померају две служавке; тада би
се на шпорету просипала некаква пена која се ди-
мила, док се пара подизала са шумног шпорета и
пунила кухињу загушљивим облацима. Једном се
просуло веома много некакве течности која је опе-
кла једну девојку. Кожа јој у тренутку беше поцрве-
нела, па су јој чак и нокти поцрвенели од прили-
ва крви. Бети је (тако су звали служавку), плачући,
мазала зејтином опечена места. Сузе су се незадр-
живо котрљале низ њено преплашено лице.

Греј беше сав замро. Док су се друге жене врте-
ле око Бети, он је преживео оштро осећање туђе
патње, коју раније није имао прилике да осети као
своју.

– Да ли те много боли?

– Пробај па ћеш видети – одговорила је Бети,
покривајући кецељом руку.

Намрштених обрва, дечак се попео на столицу,
захватио дугачком кутлачом врели густиш (била је
то овчја чорба) па је садржај излио себи на зглоб ви-
ше шаке. Доживљај је био врло јак, и некаква ма-
лаксалост од јаког бола примора га да се заљуља.
Блед као крпа, Греј је пришао Бети и сакрио опе-
чену руку у џеп од панталона.

– Чини ми се да те *много* боли, рекао је и пре-
ћутао притом своје искуство. – Хајдемо, Бети, до-
ктору, хајдемо! Он је њу упорно вукао за сукњу,

док су присталице домаћих лекова непрекидно давале служавки спасоносне савете. Али је девојка, која се много мучила, ипак пошла са Грејом. Тиме што јој је ставио завој, лекар јој је већ ублажио бол. Тек кад је Бети отишла, дечак је доктору показао своју руку.

Овај безначајни догађај учинио је двадесетогодишњу Бети и десетогодишњег Греја правим пријатељима. Она је пунила његове џепове колачићима и јабукама, а он јој је причао бајке и друге приче које је прочитао у својим књигама. Једном је сазнао да се Бети не може удати за коњушара Џимија, јер немају новаца да заснују домаћинство. Греј је разбио царачем од камина своју порцеланску касицу и истресао одатле све – било је око сто фунти. Устао је рано и кад је служавка без мираза отишла у кухињу, довукао се до њене собе, гурнуо поклон у девојачки сандук, па га покрио кратком белешком: „Бети, то је твоје. Шериф разбојничке банде Робин Худ." Паника која је због тога настала у кухињи узела је такве размере, да је Греј морао да призна своје кривотворење. Није хтео да узме новац назад и није хтео више ништа о томе да говори.

Његова мајка била је од оних природа које је живот одлио у коначном облику. Живела је у полусну обезбеђености која се постарала за сваку жељу њене просечне душе; због тога јој ништа друго није преостало, него да се саветује са кројачима, лекаром и управником куће. Али страсна, скоро религиозна везаност за своје чудно дете, била је, може се претпоставити, једина одушка оних њених склоности, успаваних васпитањем и судбином, које више не живе, него мутно луњају, остављајући тако вољу без акције. Велика дама је подсећала на пауницу која је излегла лабудово јаје. Она је исувише осећала извесну изузетност свога сина; кад би притискала дечака на груди, осећала би тугу, љубав и унутрашњу тескобу. Срце јој је, међутим, говорило нешто друго него језик, који рутински одражава конвенционалне форме односа и мисли.

Ова велика дама, чије су лице и фигура могли да одговоре, како је то изгледало, само леденим ћутањем на ватрене гласове живота, та дама, чија је префињена лепота пре одбијала, неголи привлачила, јер се код ње осећала горда усиљена воља, без женствене привлачности – та је Лилијан Греј, кад би остајала насамо са сином, постајала обична мама која говори заљубљеним, понизним тоновима оне најдраже бесмислице, које се не могу пренети на хартију; јер је њихова снага у осећањима а не у њима самима. Она буквално није могла ништа да му одбије. Све му је опраштала: провођење времена у кухињи, одвратност према часовима учења, непослушност и многоборојне ћуди.

Ако он није хтео да се подсеца дрвеће, дрвеће би остајало нетакнуто; ако је он молио да се неком нешто опрости, или да се неко награди, знало се да ће тако и бити; могао је да јаше било ког коња и да веже ланац било ком псу; несметано да претура по библиотеци; да трчи бос и да једе што му падне на памет.

Његов се отац неко време борио против тога, али је попустио – не принципу, него жениној жељи. Ограничио се на то да удаљи из замка сву децу својих слугу, бојећи се, да ће се, захваљујући *нижем* друштву, дечакове ћуди претворити у склоности које се касније тешко искорењују. Једном речју, отац је био потпуно заокупљен многобројним судским процесима, чији се почетак губио негде тамо, у епохи појављивања хартије, а крај – у смрти свих тих парничара. Осим овога, још и државни послови, па послови спахијски, па диктирање мемоара, изласци у парадни лов, читање новина и компликована преписка, држали су Греја сениора у некој одвојености од породице; сина је тако ретко виђао да је заборавио колико му је година.

Због тога је Артур Греј живео у *своме* свету. Играо се сам – обично у задњим двориштима замка која су у старо доба имала одбрамбену функцију. Те широке утрине с остацима високо подзиданих ровова, надгробним плочама обраслим маховином биле су пуне корова, коприве, чичка, трња и скромних дивљих разнобојних цветова. Греј би сатима овде остајао и истраживао кртичњаке, борио се с коровом, јурио лептире и од старих цигли правио тврђаве, које би бомбардовао моткама и камењем.

Било му је већ дванаест година кад су се све тежње његове душе, све још увек неповезане особине његовог духа и примесе његових тајних порива у једном тренутку снажно сјединиле, добивши тако складан израз у неукротивим хтењима. До тог доба је у мноштву других вртова наилазио само на издвојене делове свога врта: на сунчану зраку, на сенку, цветак, на старо моћно стабло – а сад их је одједном, и то свеукупно, угледао јасно у свој њиховој дивној зачуђујућој хармонији.

То се догодило баш у библиотеци. Висока врата с мутним стаклом при врху, обично су бивала затворена; међутим, на вратницама се реза слабо држала. Али, ако би се притисла руком, вратнице би се мицале, напрезале и врата би се отварала. Кад је истраживачки дух натерао Греја да доспе у библиотеку, зачудила га је прашњава светлост, чија се сва снага и изузетност састојала у шареном витражу у горњем делу прозора. Овде је тишина напуштености лежала као вода у рибњаку. Тамни редови ормана пуних књига, додиривали су прозоре, покривајући их једним делом, а међу њима шупљине су биле опет пренатрпане гомилама књига. Овде је лежао отворени албум са поиспадалим листовима; онде: некакви замотуљци повезани злаћаном врпцом; хрпе разноразних књига суморног изгледа; дебели свежњеви рукописа; гомиле минијатурних томова који би при додиру пуцали као храстова кора; онамо цртежи и неке табеле, па редови нових издања; географске карте; и све то у разноврсном мноштву грубих, нежних, црних, шарених, плавих, сивих, дебелих, танких, храпавих и глатких повеза. Ормани су били чврсто набијени књигама. Изгледали су као дебели зидови који су у себе закључали живот. У одблеску стакала на орману, огледали су се други ормани, покривени безбројним блиставим пегама. На округлом столу стајао је огроман глобус, заробљен у месингани сферични крст екватора и меридијана.

Окренувши се према излазу, Греј је изнад врата угледао једну огромну слику која је својим садржајем одједном испунила ову загушљиву непомичност библиотеке. Слика је представљала брод који се подигао на гребен моћног морског таласа; пенушаве струје лиле су по његовим боковима; био је представљен у последњем тренутку узлетања; ишао је право на гледаоца; врх прамца беше му се високо подигао те заклонио дно катарке. Гребени таласа распљоштени бродским кљуном подсећали су на крила неке гигантске птице. Пена је летела у ваздух. Једра, која су се једва назирала иза бродских ивица и греда на прамцу, беху свом снагом забачена уназад, да би се, премостивши талас, исправила, па онда, нагнувши се над морску бездан, поново понела брод ка новим налетима таласа. Над океаном су ниско треперили искомадани облаци. Пригушена светлост судбински се борила с тмином ноћи која се помаљала. Али, од свега је најинтересантнија на слици била фигура човека који је стајао на палуби, леђима окренут гледаоцу. Фигура је одражавала сву ову ситуацију, чак и карактер овог тренутка. Поза човека, (растављених ногу, размак-

нутих руку) право рећи, није ништа говорила о то-
ме да је он био било чиме заузет, него је пре при-
моравала да се претпостави крајња напрегнутост
његове пажње, која је била усредсређена на нешто
што је на палуби, што гледалац не види. Завpнуте
пешеве његовог капута кидао је ветар. Његов бели
перчин и црни истргнути мач отимао је ветар; ње-
гова раскошна униформа одавала је капетана, а
несигурни положај тела – помамну снагу таласа;
очигледно да је, онако без капе, био сав обузет опа-
сношћу у том тренутку и да је викао – али, шта? Да
ли је видео како са палубе пада човек, или је наре-
дио да се узме други правац, или је, надвикујући
се са ветром, звао боцмана? Док је гледао слику, у
Грејовој души изродиле су се, не мисли, него сенке
тих мисли. У једном тренутку учини му се као да
му је с леве стране пришао неки непознати, невид-
љиви човек; требало је само да окрене главу па да
то необично осећање сасвим ишчезне. Греј је то
знао, али није избегао уобразиљу, него је ослуш-
нуо. Неки немушти глас узвикнуо је неколико
одсечних реченица, неразумљивих – као малајски
језик; онда се разлегао некакав звук као код ду-
готрајног одроњавања; а ехо и мрачни ветар испу-
више библиотеку. Све је то Греј чуо унутар себе.
Осврнуо се; тишина која је у истом тренутку насту-
пила, развејала је звучну паучину фантазије; веза с
буром ишчезла је.

Греј је више пута долазио да гледа ту слику.
Она је постала за њега она потребна реч у разгово-
ру душе са животом, без које је иначе тешко себе
схватити. У малом дечаку постепено се слегло
огромно море; он се саживео с њим, па, ријући по
библиотеци, тражио је и жудно читао књиге иза
чијих се златастих врата откривало сиње плаветни-
ло океана. Остављајући за крмом пену, тамо су се
кретали бродови. Једни су губили једра и јарболе,

те загрцавајући се у таласима, спуштали се у тмину пучине, по којој су промицале фосфорне рибље очи. Захваћени снажним таласима, други су пак ударали у гребене; таласање је опасно потресало труп лађе; брод без посаде, искиданих ужади, дуго је преживљавао агонију, све док га нова бура не би разнела у комаде. Трећи су срећно утоваривали у једном, а истоваривали у другом пристаништу; седећи за кафанским столом, посада би певала о пловидби и испијала вотку. Било је тамо и бродова-пирата са црном заставом и страшном посадом, која размахује ножевима; онда и бродова-утвара који сијају мртвачком светлошћу плавичастог осветљења; па војних бродова с војницима, топовима и музиком; бродова научних експедиција који истражују вулкане, биљке и животиње; бродова с мрачном тајном и бунтовима; затим бродова који проналазе нова копна, и најзад, бродова са разним догодовштинама.

Природно је да се у том свету издизала капетанова фигура. Он је био судбина, разум и душа брода. Његов карактер одређивао је слободно време и рад посаде. Он је лично бирао посаду, а она је умногоме одговарала његовим склоностима. Знао је навике и породичне прилике сваког човека. У очима потчињених поседовао је магично знање, услед чега је уверено ишао по несагледивим пространствима – рецимо, од Лисабона у Шангај. Одбијао је буру контрадејством сложених направа, сузбијајући панику одсечним наређењима; пловио је и заустављао се где је хтео; правио распоред за долазак, утовар, ремонт и одмор; већу и сврсисходнију власт у живом пословном животу, пуном непрекидног кретања, тешко је било замислити. Та се власт, по тајанствености и апсолутности, могла равнати са влашћу Орфеја.

Услед Грејових душевних догађања, оваква представа о капетану, овакав лик и оваква истинита стварност његовог положаја, заузела је главно место у сјајној његовој свести. Никакав позив осим овог, не би могао тако срећно да сједини у целину све благо живота, притом чувајући неприкосновено најфинији вез сваке појединачне среће: опасност, ризик, власт природе, свет далеке земље, чудесна неизвесност, блесак љубави који цвета кроз састанке и растанке; привлачно узбуђење сусрета са разним лицима и разна догађања; неизмерна разноврсност живота, док су истовремено високо на небу присутни у усредсређеним очима час Јужни Крст, час Медвед, као и сви континенти. А овамо – твоја кабина пуна завичајног дома, који те у мислима не напушта, са његовим књигама, сликама, писмима и сувим цветовима привезаним свиленкастим увојцима у кожној амајлији на снажним грудима.

У једну јесен, у петнаестој години живота, Артур Греј је тајно напустио кућу и пробио се иза златне капије мора. Убрзо је из пристаништа Дубел ушла у Марсељ једрилица „Анселм“, возећи бродског ученика с маленим рукама и изгледом преобучене девојчице. Тај бродски ученик био је Греј, власник елегантне путне торбе, меканих рукавица, лакованих чизама и батистаног рубља с утканим крунама.

У току године дана, док је „Анселм“ посећивао Француску, Америку и Шпанију, Греј је скрцао један део свога иметка на колаче, плаћајући тако порез на садашњост и будућност. Хтео је да постане „врашки“ морнар. Гушећи се испијао је вотку, док би при купању, пак, уздрхталог срца, скакао у хладну воду, и то главачке са двоспратне висине. Постепено је изгубио све, осим оног главног – чудне луталачке душе; изгубио је слабашност захваљујући одебљалим костима и очврслим мишићима;

бледило је заменио тамном преплануло̄шћу, еле-
гантну безбрижност покрета дао је за сигурну пре-
цизност радне руке; а у његовим паметним очима
почела је да се одражава светлост као код човека
који гледа на ватру. И његов говор изгубио је ону
охолу, колебљиву, снебивљиву речитост, па је постао
кратак и јасан, као удрац галеба о морску струју,
хрлећи ка треперавој сребрини риба.

Капетан „Анселма“ био је добар човек, али строг
морнар, који је дечака узео из некакве злурадости.
У очајничком Грејовом хтењу, он је видео само
ексцентричну ћуд и унапред тријумфовао замишља-
јући како ће му кроз два месеца Греј, избегавајући
да му погледа у очи, рећи: „Капетане Гоп, поломио
сам нокте пузајући по ужадима; боле ме бокови и
леђа, прсти ми се не савијају, глава ми пуца, а ноге
дрхте. Сви ови мокри конопци од по два пуда, сва
та затегнута ужад, опута, чекрци, јарболи, палубе –
све је то створено за мучење мог нежног тела. Хо-
ћу код маме.“ – Саслушавши у мислима такву изја-
ву, капетан Гоп, исто тако у мислима, одржао је
следећи говор: „Идите куд хоћете, птичице моја.
Ако се за ваша осетљива крилашца залепила смо-
ла, можете је скинути код куће колоњском водом
’Роза-Мимоза’.“ Ова колоњска вода коју је Гоп сам
измислио, највише је радовала капетана, па пошто
је завршио измишљени одговор, гласно је понав-
љао „Да. Идите ’Рози-Мимози’“.

Међутим, овај импозантни дијалог је падао све
ређе капетану на памет, јер је Греј ка циљу ишао
стегнутих зуба и бледог лица. Подносио је рад без
одмора, с оном одлучном напрегнутошћу воље, осе-
ћајући да му је све лакше и лакше, уколико сурови
брод продире у његов организам све више и више,
па се тако невештина претварала у навику. Деша-
вало се да га омча сидреног ланца обори на под па-
лубе; да му се извуче из руку уже, скинувши узгред

44

кожу с дланова, а да се није претходно намакло за стубић на понти; да га морски ветар бије по лицу мокрим крајем једра на којем је била утиснута гвоздена алка; једном речју, сав тај посао представљао је мучење које је захтевало непрекидну пажњу; али, ма како да је тешко дисао извијајући леђа, осмех презрења није силазио с његовог лица. Ћутећи је подносио подсмехе, исмејавања и неизбежну грдњу, све док није у новој средини постао „свој“, а од тог момента на сваку увреду обавезно је одговарао боксом.

Једном је капетан Гоп приметио како Артур мајсторски привезује за препречницу једро, па је рекао у себи: „Победа је на твојој страни, мангупе.“ Кад се Греј спустио на палубу, позвао га је Гоп у кабину, отворио похабану књигу и рекао: „Слушај пажљиво. Прекини да пушиш! Сад почиње претварање штенета у капетана!“

Онда је почео да чита, тачније, да говори и извикује из те књиге неке древне поморске речи. Био је то први час са Грејом. У току године дана упознао се он са навигацијом, праксом, бродоградњом, поморским правом, кормиларењем и књиговодством. Кад би му капетан Гоп пружао руку, говорио би му „Ми“.

У Ванкуверу је Греја затекло писмо од мајке пуно суза и страха. Он је одговорио: „Знам. Али, ако би ти хтела да *видиш како сам ја*, онда погледај мојим очима. Ако би хтела да *чујеш* како сам ја, онда наслони на ухо шкољку – у њој је вечити шум таласа; ако би хтела *да волиш као ја: све –* онда ћу у твоме писму, осим љубави и банковног чека, наћи и – осмех“. И он је даље пловио, све док једном „Анселм“ није доспео с теретом у Дубелт, одакле је, захваљујући задржавању, сад већ двадесетогодишњи Греј, отишао да посети замак.

Све је унаоколо било исто; ненарушено у детаљима и у целини, баш као пре пет година; једино је лишће младих ладолежа постало гушће; њихова чипка се на фасади куће беше још више издигла и проширила.

Слуге које су потрчале према њему, обрадовале су се, устукнуле и замрле са оним истим поштовањем, са којим су још колико до јуче, дочекивали *оног Греја*. Рекли су му где је мајка; ушао је у високу одају, и притворивши врата, нечујно се зауставио, пошто је угледао оседелу жену у црној хаљини. Она је стајала испред распећа; њен страсни шапат био је снажан као ударање срца. – „За оне који плове, који путују, за болесне, за оне који пате и за заробљене“ – слушао је Греј и дисао убрзано. Онда је било речено: „и детету моме...“ Онда је он рекао: „Ја сам...“ Али више није могао ништа да изговори. Мајка се окренула. Омршавела је; у гордости њеног префињеног лица сијао је нови израз – сличан повраћеној младости. Нагло је пришла сину; кратак смех из дубине груди, уздржани узвик и сузе у очима – то је све. Али тог тренутка она је живела јаче и лепше него целог свог живота. „Одмах сам те познала; драги мој, мали мој.“ И Греј је стварно престао да буде велики. Саслушао је све о очевој смрти, онда је испричао о себи. Она га је пажљиво пратила, без прекора и противљења, али је за себе – у свему што је он сматрао као истину свог живота – видела само играчке којима се њен дечачић забавља. Такве су играчке биле океани, континенти и бродови.

Греј је у замку провео седам дана; а осмог дана, узевши повећу суму новца, врати се у Дубелт и рече капетану Гопу: „Хвала вам. Били сте добар друг. Збогом, стари друже.“ – Ту он потврди право значење ове речи страшним стиском руке – као да су то била клешта. „Одсад ћу одвојено пловити на своме броду." Гоп је плануо, отпљунуо, истргао руку и пошао, али га је Греј достигао и загрлио. Онда су сели у једну крчму сви заједно, њих двадесет четворо чланова посаде; пили су, лармали, певали, попили и појели све што је било за шанком и у кухињи.

Не прође много времена кад је у луци Дубелт изненада бреснула вечерњача над црном линијом нове катарке. Била је то „Тајна" коју је Греј купио; галија са три јарбола и двеста шездесет тона. Тако је он, Артур Греј, у својству капетана и власника брода, пловио још четири године док га судбина није довела у Лису. Међутим, он је заувек запамтио онај кратки смех из дубине груди, пун душевне музике, којим су га дочекали код куће, па је бар двапут годишње посећивео замак, остављајући мајци са сребрним власима непоуздано уверавање, да ће ово велико дете ипак изаћи на крај са својим играчкама.

III

ОСВИТ

Пенушава струја, коју је одбацивала крма Грејовог брода „Тајна“, прошла је преко океана у облику беле линије и нестала у сјају вечерњих светиљки у Лиси. Брод је пристао уз док, недалеко од светионика.

„Тајна“ је десет дана истоваривала сирову свилу, кафу и чај; одмарајући се, посада је провела једанаести дан на обали и пила из све снаге, а дванаестог дана, не схватајући ни сам своју сету, Греју се беше нешто смркло, и то без икаквог разлога.

Тек што се то јутро беше пробудио, осетио је да му дан започиње тмурно. Облачио се безвољно, без воље је појео доручак; заборавио је да прочита новине, и пушећи дуго, беше утонуо у неизрециви свет бесциљне напетости; осим речи које су му нејасно навирале, тумарале су у њему и некакве непознате жеље, које су се потом самопоништавале. Онда се прихвати посла.

У пратњи надзорника, Греј је прегледао брод, наредио да се затегну пȳта, да се попусте челична ужад, да се очисти дно брода, да се отвори, проветри и ориба међупалуба. Али, ни посао Греја није развеселио. Тај тегобни дан, пун узнемирене напрегнутости, доживео је раздражљиво и суморно: као да га неко беше позвао, а он заборави – ко и где.

Предвече је сео у кабину, дохватио неку књигу и дуго се кошкао са писцем, исписујући на белинама страница парадоксалне белешке. Неко време забављала га је ова игра, овај разговор с покојником, који господари из гроба. Онда је узео лулу и утонуо у сив дим, дружећи се с нестварним арабескама, које су ницале у недефинисаним колутовима.

Дуван је страшно моћан; као што изливено уље по скоковитим таласима ублажава њихов бес, исто тако дуван – умекшава раздражљивост осећања, спушта их за неколико тонова, да би звучала донекле хармоничније и музикалније. Због тога је и Грејова сета, која је најзад, после три луле, изгубила свој агресивни значај, прешла у замишљену расејаност. Овако стање трајало је скоро читав сат, а онда се изгубила ова душевна магла. Греј се прену, зажеле акцију и изађе на палубу. Преко бродске ограде, у сновима поцрнеле воде, дремале су звезде и ватра из фењера на светионицима. Топли ваздух, попут свежег образа, мирисао је на море. Греј је подигао главу и зажмирио према златастом врху једне звезде; у једном тренутку је преко миља, које знају човека да доведу до лудила, продрла у његову зеницу ватрена игла са неке далеке планете. Нејасан шум вечерњег града, допирао је и мешао се са звуцима из дубине залива; понекад би преко осетљиве воде долетала с ветром и покоја реченица са обале – баш као да је на палуби изречена – па зазвучавши разговетно, гасила би се у шкрипању конопаца. На врху прамца, плану шибица, осветли нечије прсте, округле очи и бркове. Греј зазвижда и убрзо угледа у тами лице дежурног.

– Реци Летики да ће ићи са мном; нека понесе удице – рекао је Греј.

Онда се спустио у чамац и чекао читавих десетак минута Летику; окретни, превејани момак почео је да лупа веслима и да их додаје Греју, онда се спустио у чамац, наместио рашље и гурнуо врећу с храном у крму. Греј је сео за кормило.

– Куда наређујете да пловимо, капетане? – упита је Летика, окрећући чамац десним веслом.

Капетан је ћутао. Морнар је знао да у то ћутање не треба убацивати речи, и зато је, ућутавши се и сам, отпочео снажно да весла.

Греј је узео правац према отвореном мору, а онда је почео да се држи леве обале. Било му је свеједно куда плове. Кормило је мукло тандркало; пљускала су весла; све остало било је море и тишина.

У току дана човек је заокупљен таквим мноштвом мисли, утисака и речи, да би од свега тога могло да се сачини више дебелих књига. Лице овог дана поприма свој одређени израз; међутим, Греј данас празно посматра то лице. На нејасним цртама дана светлело је једно од оних осећања којих има много, али којима није дато име. Ма како да их називамо, она ће остати увек изван речи, чак и појмова; нешто слично деловању мириса. У власти баш таквих осећања сада се налази Греј; могао је он, право говорећи, казати и ово: „Ја чекам, ја видим, ја ћу ускоро сазнати...“ али, чак и те речи, нису биле ништа више до ли појединачни цртежи у односу на укупни архитектонски пројекат дана. У тим тежњама била је снага несумњиве узбуђености.

Тамо где су они пловили, на леву страну, назирала се обала у таласавој згуснутости таме. Изнад црвених прозорских стакала, летеле су искре из димњака; била је то Каперна. Греј је чуо псовку и лавеж. Осветљење у селу подсећало је на вратнице пећи, с прогорелим рупицама, кроз које се провидела разбуктала жеравица. На десној страни био је океан, очит, као присуство уснулог човека. Пошто су прошли Каперну, Греј скрену према обали. Чуло се тихо ударање воде. Упалио је фењер и угледо јаме у једној стрмини, и њихове горње, наднесене испусте; ово му се место свидело.

– Овде ћемо ловити рибу – рече Греј, тапшући веслача по рамену.

Морнар је нешто неодређено промрмљао. Први пут пловим с оваквим капетаном, рече гунђајући. Јесте да је способан, *али не личи* на друге. Неки загонетан капетан, ма опет га волим.

Пошто је забио весло у муљ и привезао за њега чамац, обојица се испеше горе, верући се по камењару који се одроњавао испод њихових лактова и колена. Од ивице понора протезао се честар; разлегали су се ударци секире којом је Летика секао неко суво стабло; оборио је најзад дрво и над понором наложио ватру. Почеле су сенке да се покрећу и одражавају у води; из мрака који се одмицао, засветлеле су трава и гране; над ватром, обавијеном димом, подрхтаво је ваздух.

Греј седе поред ватре.

– Држи – рече он, пружајући флашу – испиј, пријатељу Летика, за здравље свих трезвењака. Узгред буди речено, ти ниси понео вотку с кимом, него с ђумбиром.

– Извините, капетане – одговорио је морнар, хватајући дах после обилатог гутљаја. – Допустите да мало мезнем... – Затим у једном залогају одгризе половину пилета, па извадивши из уста крилце, продужи: – Знам да ви волите с кимом, само је било мрачно, а ја сам журио. Разумете ли, ђумбир разјарује човека. Кад треба да се посвађам, онда попијем вотку с ђумбиром.

Док је капетан јео и пио, морнар га је са стране посматрао, па не издржавши, рече:

– Је л' истина, капетане, прича се, да сте ви наводно из племићке породице?

– То није занимљиво, Летика, узми удицу и пецај ако хоћеш.

– А ви?

– Ја? Не знам, можда... касније.

Летика је разгледао удицу и узгред говорио – као и увек на велико задовољство бродске посаде – у стиховима, у чему је био мајстор.

– Од штапа и канапа дугачки сам корбач сплео, ништа нисам с ума смео, и причврстивши му удицу, смислио отегнуту песмицу. – Онда је почео да добује по корпи с црвићима. – Овај је црв по земљи ходао и радовао се животу свом, а сад је на удицу доспео и појешће га сом. – Најзад је отишао, и даље певушећи: тиха је ноћ, а вотка има чаробну моћ, спремио сам мамац, управио прамац, дрхтите јесетре сад, јер пеца Летика млад.

Греј беше прилегао поред ватре и посматраше воду у којој се огледао пламен. Размишљао је, али без учешћа воље; у овом стању мисао, док расејано уочава околину, доста је нејасно види; она јури баш као коњ препонаш који у збијеној гомили гази све испред себе, размиче је и зауставља се; тако и ту мисао наизменично прате бесадржајност, збуњеност и одуговлачење. Она лута по души ствари; од силног узбуђења жури према тајанственим наговештајима; кружи по земљи и небу; говори с измишљеним лицима као да су стварност; гаси се и улепшава успомене. У том магловитом кретању све је живо и изражајно; при том је све безвезно као бунцање. Често се, на пример, осмехује свест која је у стању одмарања и одједанпут угледа, како у размишљањима о судбини долази баш као гост, некакав потпуно неприкладан лик: рецимо некакав прутић кога је човек изломио још пре две године. То се догодило и Греју док је седео поред ватре; био је „негде далеко“ – тек само да није овде.

Лакат на који се одупирао, придржавајући руком главу, беше му помодрео и отекао. Бледо су сијале звезде; мрак беше ојачан особитом напрегнутошћу која је претходила свитању. Капетан је падао у сан, мада то није примећивао. Хтео је мало да попије, те се испружио према врећи и почео да је развезује, али је то било већ у *сну*. Онда је престао да сања; следећа два сата била су за њега исто онолико дуга, као и оне две секунде, док му је глава малаксавала на рукама. У међувремену се Летика двапут појављивао поред ватре, пушио је и из радозналости загледао у уста упецаних риба: – Боже, шта ли то има тамо? – Али, само се по себи разуме, тамо ничега није било.

Кад се Греј пробудио, за тренутак заборави како се уопште обрео на том месту. Са чуђењем угледа блистави јутарњи сјај, стрмину обале међу обасјаним гранама и бљештаву модру даљину. Изнад хоризонта, истовремено и изнад његових ногу, висило је лескино лишће. У подножју провалије, остављајући утисак као да је испод самих Грејових леђа – шумело је тихо ударање таласа. Устао је. Свуда је тријумфовала светлост. Танушном струјом дима, охлађене главње на огњишту, хватале су се за живот.

Летике нигде не беше; сигурно се нечим занео; пецао је сав ознојен са страшћу коцкара. Греј је изашао из честара. Трава је блистала и димила се; влажни цветови изгледали су као деца коју насилно умивају хладном водом. Читав зелени свет дисао је помоћу својих многобројних спона, сметајући Греју да пролази кроз његове радосне теснаце. Капетан је избио на отворени пропланак и угледао неку младу уснулу девојку.

Тихо је руком одмакао грану и зауставио се са осећањем бојажљивог открића. Склупчана, с једном савијеном ногом а другом испруженом, лежала је

преморена Асол, са главом на удобно подвијеној руци, и то само на пет корачаји од њега. Њена коса је у нереду; испод грла откопчано дугме које открива бело удубљење; сукња задигнута показује колена; трепавице спавају на лицу у сенци истакнутих слепоочница; мали прст на десној руци коју је подметнула под главу, савијен је према потиљку. Греј је чучнуо и загледао девојку одоздо, не слутећи да тиме подсећа на Фауна са слике Арнолда Беклина.

Можда би у другој прилици он ту девојку приметио *само* очима, међутим, сад ју је *другачије* видео. Све се у њему покренуло, све се осменхуло. Разуме се, да он није знао ни њу, ни њено име, а поготово то, због чега је она заспала баш на обали; па без обзира на све то, био је тиме ипак врло задовољан. Волео је слике без објашњења и потписа. Утисак такве слике неупоредиво је јачи; њен садржај, који није речима повезан, постаје бесконачан, потврђујући тако сва наслућивања и помисли.

Сенка коју је бацало лишће беше се повукла ближе стаблима, а Греј је још увек био у тој неудобној пози. Све је на девојци спавало: спавала је њена тамна коса, спавала је хаљина и набори на хаљини; изгледало је чак да је, из солидарности, и трава која се налазила у близини њеног тела, заспала. Кад је утисак био потпун, Греј утону у свој топли талас и некуд отплови с њим. Летика је у међувремену већ одавно довикивао: „Капетане, где сте?", али га капетан није чуо.

Кад је најзад устао, наклоност за нешто тако необично сасвим га је изненадила; притом, све то било је праћено одлучношћу и неким надахнућем, као код надражене жене. – Он скиде са прста скупоцени старински прстен, размишљајући с разлогом да овако можда дошаптава животу нешто битно, онако као што то ради писмена реч. Пажљиво је навукао прстен на онај мали прст, који се белео испод потиљка. Прстић се брзо покрену и сави. Пошто је још једном погледао на ово лице које се одмарало, Греј се окрену и примети у жбуњу високо подигнуте Летикине обрве. Морнар је, отворених уста, запањено, гледао на Грејову забаву, онако како је вероватно гледао Јона у чељусти свог меблираног кита.

— А ти си то, Летик! — рече Греј — погледај је, зар није лепа?

— Дивно сликарско платно! — шапатом узвикну морнар, који је иначе волео књишке изразе. — Кад се схвати ова ситуација, има нешто у њој весело. Уловио сам четири мрене и још некакву дебелу рибу као мехур.

— Тише, Летика, хајдемо одавде!

Повукоше се у жбуње. Требало је сад да скрену према чамцу, али је Греј нешто оклевао, загледан у јутарњи дим који се из оџака извијао по Каперни. У том диму поново је угледао девојку.

Онда се одлучно окрете и спусти низ одрон; морнар је ишао за њим, не питајући шта се догодило; осетио је да је поново настало обавезно ћутање. Већ код првих кућа, Греј одједанпут рече:

— Да ли би, Летика, твојим искусним оком, могао да одредиш где је овде крчма?

— Мора бити да је онамо, онај црни кров — а уосталом можда и није.

— Па шта има на том крову нарочито?

— Ни сам ништа не знам, капетане, једино ми то дошаптава глас срца.

Стигоше до те куће; стварно је то била Менерсова крчма. Кроз отворени прозор на столу се видела флаша; поред ње нечија прљава рука музла је полуседи брк.

Мада је било рано јутро, у кафани су већ седела три човека. Поред прозора беше се сместио ћумурџија, власник пијаних бркова, које смо већ уочили,

56

а између шанка и унутрашњих врата која су водила у салу, седела су два рибара уз кајгану и пиво. Менерс, висок, млад момак, пегавог незанимљивог лица, и оног нарочитог израза спретне окретности, коју по правилу поседују ћифте – брисао је за тезгом посуђе. На прљавом поду лежала је сунчана контура прозорског крста.

Тек што је Греј закорачио у појас димљиве светлости, Менерс изађе из свог склоништа и учтиво се поклони. Он одмах укопча да је Греј *прави* капетан, и то од оне врсте која се ретко виђа. Капетан је затражио рум. Пошто је прво у понизној ужурбаности покрио сто пожутелим чаршавом, Менерс донесе флашу на којој је претходно лизнуо крајичак одлепљене етикете. Онда се врати иза тезге и поче пажљиво да погледа час у Греја, час у тањир из кога је ноктом скидао нешто што се тамо било залепило.

Док је Летика, држећи чашу обема рукама, посматрао кроз прозор, Греј је позвао Менерса. Хин је самозадовољно сео на крајичак столице поласкан таквим понашањем, и то понајвише тиме што се оно манифестовало једноставним савијањем Грејовог прста.

– Ви свакако овде познајете све становнике – мирно је започео разговор Греј. Желео бих да сазнам име младе девојке повезане марамом, у хаљини на ружичасте цветове, тамнокестењасте косе и нижег раста; године: од седамнаест до двадесет. Срео сам је недалеко одавде. Како јој је име?

Он је то рекао са непоколебљивом једноставношћу снаге која не допушта да се не рачуна с тим тоном. Хину Менерсу све се заврте у глави, па се чак лагано и засмејуљио, међутим, споља гледано, већ се био потчинио баш овом тону који је капетан диктирао. Ипак је мало оћутао пре него што је одговорио, и то једино због узалудне жеље да докучи у чему је ствар.

– Хм! – рекао је, подижући очи према таваници. – Мора да је то „Бродарева Асол“, друга не може бити. Она је иначе мало шенула.

– Стварно? – равнодушно рече Греј и отпи повећи гутљај рума.

– Кад већ хоћете, онда чујте. – И Хин Греју исприча како је девојчица пре седам година на морској обали разговарала са скупљачем народних умотворина. – Свакако да је онај просјак који је у крчми овде уверавао све присутне да се стварно десило оно што он прича, допринео да се испреде ружна и неукусна сплетка али је суштина остала чиста.

– Од тог доба тако је и зову – рекао је Менерс – зову је „Бродарева Асол“.

Греј је овлаш погледао на Летику који је и даље тихо и скромно седео, онда су се његове очи окренуте према прашњавом путу који је поред крчме пролазио и он одједном осети нешто слично ударцу – истовремени ударци у срце и у главу. Окренута лицем према њему, путем је ишла баш та Бродарева Асол о којој се малопре Менерс тако клиначки изразио. Изванредне црте њеног лица које су га подсетиле на ону тајну, неизбрисивих и узбудљивих речи, појавиле су се сада пред њим у светлости њеног свеукупног изгледа. Морнар и Менерс седели су леђима окренути прозору, али да се не би случајно окренули, Греј је нашао снаге да баци поглед на риђе Хинове очи. Сад, кад је он видео Асолине очи, распршила се сва неубедљивост Менерсове приче. Не подозревајући ништа, Хин је продужио:

– Још вам могу рећи да је њен отац права хуља. Удавио је мог татицу као некакву мачку, Боже ми опрости. Он је...

Прекинула га је с леђа неочекивана, дивља рика. Исколачивши страшне очи, и пренувши се из пијане обамрлости, чамџија-ћумурџија је одједанпут, започињући песму, заурлао, и то тако страховито да су сви задрхтали:

Корпар, корпар,
гули нас за корпе!...

– Опет си се нашљокао, проклети чамџијо! – повика Менерс. – Излази напоље!

Корпар, Корпар,
гули нас за корпе!... поче опет да завија ћумурџија, па као да ништа није било, потопи бркове у чашу.

Хин Менерс озлојеђено слеже раменима.

– Вуцибатина је то, а не човек – рече он са злобним достојанством цициже. – Увек иста прича!

– Имате ли ви још нешто да кажете? – упита Греј.

– Је л’ ја? Па ја вам кажем да јој је отац хуља. Због њега сам ја, ваша милости, остао сироче и морао још као дете да сам себи зарађујем парче хлеба.

– Лажеш! – неочекивано је дрекнуо чамџија-ћумурџија. Лажеш тако гнусно и неправедно да сам се ја отрезнио. Хин није успео ни уста да отвори, а чамџија се обрати Греју: он лаже! Његов отац је такође лагао; лагала му је и мајка. Таква им је сорта. Можете бити сигурни да је *она* исто тако здрава, као што смо то Ви и ја. Ја сам са њом разговарао; ја сам је возио осамдесетчетири пута, или нешто мало мање. Кад год се девојка враћала из града, а ја већ продао свој ћумур, обавезно сам је примао у кола. Нек седи. Ја кажем да она има добру главу. То се сад види. Наравно, Хине Менерсе, да она с тобом неће да проговори ни две речи. Али

59

ја, господине, као слободан чамџија-ћумурџија, пре-
зирем празне приче и наклапања. Она говори као
да је велика, само је некако чудноват њен говор.
Ако боље ослушнеш – оно исто што бисмо и Ви и
ја рекли, али код ње је то нешто друкчије. Ево, на
пример, повела се реч о њеном послу. „Знаш шта
ћу ти рећи – каже она, а држи ми се за раме као му-
ва за звонару – мој рад није досадан, увек желим да
смислим нешто нарочито. Ја хоћу – каже – тако да
измајсторишем да ми чамчић сам плови по дасци, а
веслачи да веслају као да су прави, да седе на обали
и да једу.“ Ја сам се засмејао, изгледа да ми је било
смешно. Кажем јој: „Добро, Асол, твој је посао та-
кав и због тога су ти и мисли такве, али ако погле-
даш унаоколо – у послу је увек као да си у некаквој
борби.“ „Не – каже – ја знам, што знам. Кад рибар
пеца рибу, он мисли да ће ухватити *велику* рибу,
какву нико није уловио.“ „Добро, а ја?“ – питам је.
– „А ти – смеје се она – ти сигурно кад товариш
угаљ у корпу, мислиш да ће она процветати.“ Ето
шта је она рекла! И у том тренутку, признајем,
нешто ме је жацнуло, па сам погледао на празну
корпу и учинило ми се као да из пруђа полазе пу-
пољци; распукли се, осуло се по корпи лишће – и
нестало. Изгледа да сам се мало отрезнио! А Хин
Менерс лаже да не може више бити: знам га ја
добро!

Сматрајући да је разговор прешао на јавно вре-
ђање, Менерс је ћумурџију прострелио очима и са-
крио се иза шанка, одакле је горко довикивао:

– Заповедате ли да вам се нешто донесе?

– Не – рече Греј, вадећи новац – устајемо и иде-
мо. Летика, ти ћеш овде остати, вратићеш се пре-
двече и ћутаћеш. Све што будеш могао да сазнаш,
рећи ћеш ми. Разумеш?

— Најбољи капетане — рекао је Летика с известном фамилијарношћу коју је изазвао рум – *ово* не може да разуме само онај, ко је без слуха.

— Дивно. Исто тако запамти, било шта да ти се деси, не треба да говориш о мени, чак ни моје име да споменеш. Довиђења.

Греј је изашао. Од тог тренутка више га није напуштало оно осећање запањујућег открића, сличног искри у Бертолдовом барутном ступцу – једног од оних открића душевне лавине испод које се, севајући, ослобађа огањ. Грејом одједном овлада дух неодложне акције. Прибрао се и средио мисли, тек кад је сео у чамац. Смејући се, окренуо је руку дланом нагоре према жарком сунцу, баш онако као што је то већ једном урадио као дете у винском подруму; онда се отиснуо и почео брзо да весла у правцу луке.

IV

УОЧИ ТОГА ДАНА

Уочи тога дана, а после седам година откако је Егл, скупљач песама, испричао девојчици на морској обали бајку о гримизним једрима, Асол се, нерасположена и тужна, враћала кући из продавнице играчака, коју је посећивала једном недељно. Робу је вратила кући. Била је толико љута да није могла одмах да говори – и тек кад је на Лонгреновом лицу видела да он помишља на нешто далеко горе, него што је то стварно било, почела је да прича, шарајући прстима по прозорском окну, поред кога је стајала и расејано гледала у море.

Власник продавнице играчака отпочео је овога пута разговор тиме, што је отворио књигу рачуна и показао јој колико још дугују. Видевши импозантан троцифрени број она је задрхтала. „Ето колико сте узели од децембра – рекао је трговац – а ево, погледај, колико је продато“. И он је упро прстом у другу цифру, састављену од два знака. Било је тужно и непријатно; видело му се на лицу да је љут. Радо бих побегла, али часна реч, нисам имала снаге од стида. А он је почео да говори: „Мила моја, мени ово више не одговара; сад је у моди инострана роба; све су радње њоме крцате, а ове ствари више нико не купује.“ Ето то је рекао. Говорио је још што-шта, а и ја сам све побркала и заборавила. Мора бити да се сажалио нада мном, јер ми је посаветовао да одем у „Дечји базар“ и у „Аладинову лампу“.

Пошто је испричала све оно најважније, девојка је окренула главу и бојажљиво погледала на свог старог оца. Лонгрен је седео повијен, руку стегнутих између колена, на која се подлактицама ослањао. Осећајући њен поглед, подигао је главу и уздахнуо. Пошто је савладала своје нерасположење, она му је притрчала, села поред њега, увукла своју лагану руку под кожни рукав његове јакне, и продужила да прича с вештачком веселошћу.

– Ништа, ништа то није страшно, него слушај, молим те. Идем ја тако и дођем до неке велике продавнице, а тамо маса света. Измуваше ме, међутим, ја сам се ипак пробила и дошла до неког црног човека са наочарима. Ничега се не сећам шта сам му рекла, тек он се осмехну, испреврта све по мојој корпи, погледа неку стварчицу и све опет врати назад.

Лонгрен је љутито слушао. Као да је видео своју збуњену ћерку у богатој гомили поред тезге, претрпане скупоценом робом. Тај пристојни човек с наочарима снисходљиво јој је објашњавао да ће пропасти, ако настави да тргује с невешто направљеним Лонгреновим играчкама. Нехајно је, али лукаво, ставио пред њу лепо урађене моделе зграда и мостова; затим минијатурне, прецизне аутомобилчиће, па разне електричне играчкице, авионе и моторе. Све је то мирисало на свежу боју и професионалност. По његовим речима испало је да деца сад у игри подражавају само оно што одрасли раде.

Асол је свратила још и у „Аладинову лампу“ и у друге две продавнице, али није ништа постигла.

Пошто је све то испричала, спремила је вечеру; а кад се Лонгрен поткрепи и попи шољу јаке кафе, рече:

– Кад нам ово не успева, морамо тражити друго решење. Можда ћу поново да ступим у службу на „Фицрој"* или на „Палермо"*. Наравно да су они у праву – продужи он, мислећи на играчке. – Сад се деца не играју, него уче. Она непрекидно уче, уче и никад неће почети да живе. Све је то тако, а тужно је, стварно је тужно. Да ли ћеш умети да живиш без мене док обавим бар једно путовање? Не могу да замислим да те оставим саму.

– Могла бих исто и ја да радим заједно са тобом, рецимо, у бифеу.

– Не! – Лонгрен је запечатио ову реч ударцем песнице о сто, који се затресе. – Док сам ја жив, ти нећеш служити. Уосталом, имамо времена и да поразмислимо.

Он је онда мрзовољно заћутао, а Асол се шћућурила поред њега на крају клупице. Не окрећући главу, гледао је отац крајичком ока како се труди да га утеши, па му је још само мало требало чак и да се осмехне. Али то би значило да ће је уплашити и да ће је збунити. Говорећи нешто за себе, она је гладила његову замршену седу косу, па пошто му је својим маленим, танушним прстићима затворила космате уши, рече: „Ето сад не чујеш да те волим." Док га је она дотеривала, Лонгрен је седео намрштен, као човек који се плаши да удахне, али кад чу њене речи снажно се засмеја.

– Драго моје дете – рече једноставно, потапша кћер по образу и пође на обалу да погледа чамац.

Она је неко време у недоумици стајала насред собе, колебајући се између жеље да утоне у тиху сету, или пак да посвршава домаће послове; онда је опрала судове и прегледала залихе намирница. Није их мерила, али је одока видела да са брашном не могу истрајати до краја недеље, да се у кутији за

---

* Фицрој и Палермо – имена бродова (*Прим. прев.*).

шећер види дно, да су паклице са чајем и кафом скоро празне, да нема уља, и једино се, донекле, обрадовала врећи кромпира. Затим је избрисала под и села да пришије волан за сукњу, коју је преправила од неке старежи. Присетила се да се парчићи тканине налазе иза огледала, па приђе, узе замотуљак, и у њему угледа свој лик.

У ораховом раму, у светлој празнини одражене собе, стајала је танушна, омалена девојка одевена у јефтини бели муслин на ружичасте цветиће. Рамена јој је покривала сива, свилена марама. Полудетиње, овлаш преплануло лице, било је живо и изражајно; дивне, донекле за њен узраст, озбиљне очи, гледале су са оном стидљивом усредсређеношћу дубоких душа. Њено неправилно лице могло је да гане тананом чистотом овала; сваки превој, свака рељефност тог лица, несумњиво да би се могли наћи у мноштву женских ликова, али њихова свеукупност, њихов стил, био је потпуно оригиналан – оригинално мио. На томе ћемо се задржати. Остало се не може изразити речима, изузимајући само реч „очаравајуће".

Девојка се у огледалу несвесно осмехнула – баш као што чини и Асол. Осмех је испао тужан; приметивши ово, она се узнемирила, као да је угледала туђинку. Притисла је образ уз стакло, затворила очи и тихо помиловала руком огледало баш на оном месту где се наслонио лик. Читав рој нејасних, пријатних мисли покрену се у њој; она се исправи, засмеја и седе да шије.

Док она шије, хајде да је ближе погледамо, али сад – изнутра. У њој су две девојке, две Асол помешане у изврсној, дивној неправилности. Једна је била – ћерка морнара, занатлије, која и сама прави играчке, а друга је – права поезија; са свим чудесима сазвучја и ликова, са скривеним средствима употребе речи, са целокупном повезаношћу поетичких сенки и светлости које у сваком тренутку падају једне преко других. Она је знала живот само у границама доступним њеном искуству, али, осим опште појавности, видела је и одраз смисла једне *друге* врсте. Нешто слично ономе, ако ми је пошло за руком да се добро изразим, она је видела *изнад* видљивог. Све оно што је једноставно разумљиво, а да не поседује баш ту неприметну димензију, њеној души било је туђе. Умела је и волела је да чита, али је и у књигама првенствено читала између редова – онако како је и живела. – Често је, узбуђена и треперава, одлазила ноћу на морску обалу, где би у освит сасвим озбиљно примећивала брод са црвеним једрима. За њу су ти тренуци представљали срећу. – Нама је толико тешко да одемо у бајку, а за њу би још теже било да изађе из њене власти и зачараности.

Понекад је Асол осећала притисак усамљеничког живота са оцем, и у њој се већ била формирала она унутрашња повученост, она паћеничка борба с којом се не може изазвати, нити постићи ведрина. Подсмевали су јој се говорећи: „она је ударена“, или „није при себи“. Била је привикла на тај бол; морала је да подноси те увреде од којих је тиштало у грудима као од удараца. Као женско биће, она у Каперни није била омиљена, међутим, многи су, мада неотесано и нејасно, наслућивали да она поседује нешто више него остале жене – само је то на неком *другом језику*. Становници Каперне обожавали су једре, друсне представнице слабијег пола, с масном кожом на дебелим листовима ногу и са снажним рукама. У овом месту су се мушкарци удварали тако што су шљискали жене по задњици, или су их мували као да су на пијаци. Врста оваквих осећања подсећала је на наивну простоту мукања. Оно што спада у врсту љубави, овде се не може замислити. Баш онако као што је за време завијања војничке трубе, предивна сета виолине немоћна да изведе неки челични пук из његове директне борбене линије. Овоме што је сад изречено Асол је стајала леђима окренута.

Међутим, док је њена главица певушила песмице живота, малене руке су радиле приљежно и вешто; док је зубима кидала конац, гледала је далеко испред себе, али јој то није сметало да равномерно подавија поруб и да слаже бод у бод са прецизношћу шиваће машине. Мада се Лонгрен често није враћао на време, она никад није бринула за оца. Знала је да се ништа лоше њему неће десити. Њу није мучио страх. У том смислу Асол је још увек била малена девојчица, која се молила Богу на свој начин. Некако би пријатељски ћаскала са њим ујутру: „Добро јутро, Боже!“ – а увече: „Лаку ноћ, Боже!“

Сањала је вољени сан: расцветано дрвеће, чежњу, чаролије песме и тајанствене појаве, од којих се приликом буђења једино могла сетити само неког светлуцања модрикасте воде која надолази од ногу према срцу, и то са хладноћом и узбуђењем. Па пошто је све то већ видела, боравила би још неко време у тој невероватној земљи, све док се не би сасвим пробудила и села.

Од сна није ништа остајало, као да уопште није ни сањала. Само ју је обузимало осећање новине, радости и жеље да нешто уради. Знала је да више неће заспати, обукла се, пришла прозору, скинула резу и отворила капке. Наслонивши се на ивицу рама, гледала је и осмехивала се. Одједанпут је нешто нагло усталаса изнутра а и споља, нешто слично удаљеном зову. И као да се још једном пробуди из будне очигледне стварности, за нешто још очигледније и несумњивије. Од тог тренутка није је напуштала самосвет о нечем радосном. Поимајући на овај начин, ми тако слушамо људски говор, али, ако

68

поновимо оно што је речено, схватићемо га још једном, међутим, са новим, другим значењем. Исто је то било и са њом.

Узела је стару, али на њеној глави увек нову, свилену мараму, завезала је испод браде, затворила врата и истрчала боса на пут. Мада је све било пусто и глуво, њој се ипак учини да она сама звучи као оркестар па да могу да је чују и други. Уколико се више удаљавала, утолико је брже ходала, желећи што пре да напусти село. Иза Каперне су се простирале ливаде. Пошто је прашином испрљала ноге, кренула је према провалији над морем и, тешко дишући од брзог ходања, зауставила се на самој ивици. Нека непобедива вера у њој је ликовала, пенила се и шумела. Опточено по хоризонту златастом линијом, у то време би море још увек спавало. Само је боја челика успаваног океана, поред саме обале, прелазила у модре и црне тонове.

Она је села обухвативши ноге око колена и пажљиво се нагла према мору; гледала је у хоризонт великим очима, у којима више ничега не беше остало од одраслог бића – гледала је очима детета.

Из шипражја се појави један брод; испловио је и зауставио се на самој средини праскозорја. На тој даљини био је тако видљив, баш као облаци. Распростирући око себе неку веселост, он је буктао као вино, као ружа, крв, уста, као пурпурни сомот и светлоцрвена ватра. Брод је ишао право према Асол. Пенушава крила су треперила под снажном навалом бродског прамца. Кад је чудновата игра светлости прешла у ситно таласање, она се дигла и притисла груди рукама; уздахнула је и осврнула се. Њена унутрашња музика заћута; међутим, Асол је још увек била у власти њеног звонког хора. Овај утисак је постепено слабио, онда је постао сећање, и најзад, просто, умор. Легла је на траву, зевнула, блажено затворила очи и заспала правим, чврстим сном, баш као млад орах без брига и сновиђења.

Разбудила ју је једна бубица која је милела по њеном голом стопалу. Узнемирено тргнувши ногу, Асол се пробуди; седећи, поправи рашчупану косу, па је у том тренутку и Грејов прстен подсети на своје постојање, али, она помисли да се само травка замрсила између њених прстију, па хтеде да је исправи. Међутим, како јој та сметња није ишчезла, она нестрпљиво принесе руку очима, усправи се и нагло скочи и то снагом шикнуле фонтане.

На њеном прсту је сијао блистави Грејов прстен. „Чија ли је ово шала? Чија је шала? – узвикнула је нагло – зар ја још спавам? Можда сам га нашла па заборавила?“ Дохватила је левом руком десну на којој је био прстен, па је почела запрепашћено унаоколо да се осврће, али се нико не беше притајио у жбуњу; руменило обли Асол и гласови срца рекоше јој *пророчко* „да“. Није било објашњења за оно што се десило, али без речи и мисли она га је нашла у својим необичним осећањима. Пошто је сакрила прстен у прслуче, загњури лице у шаке, испод којих се неодољиво пробијао осмех, па оборене главе лагано крену кући.

Тако су *случајно* – како то знају да кажу људи, који чак знају и да читају и да пишу – Греј и Асол нашли једно друго у једно јутро, једног летњег дана пуног неизбежности.

V

ПРИПРЕМЕ ЗА АКЦИЈУ

Попевши се на палубу „Тајне“, Греј је стајао не-
колико минута непокретан и притом гладио руком
главу од потиљка према челу, што је иначе озна-
чавало његову крајњу збуњеност. На лицу му се
одражавала расејаност – некакво тмурно кретање
осећања – као изпразни осмех месечара. Уто наиђе
његов помоћник Пантен носећи тањир пржене ри-
бе. Кад је угледао Греја, запазио је чудно капета-
ново расположење.

– Да се нисте ударили? – упитао је опрезно – где
сте били? Шта сте видели? Уосталом, то је ваша
ствар. Посредник нуди уносну возарину с преми-
јом. Ма шта је то с Вама, капетане?

– Хвала Вам – рекао је Греј, одахнувши као осло-
бођен. – Управо су ми недостајали звуци Вашег оби-
чног, паметног гласа. То је као хладна вода. Реците
људима, Пантене, да данас дижемо сидра и пре-
лазимо у ушће Лилијане; око десетак миља одав-
де. Њен ток је испресецан честим плићацима. До
ушћа се може доспети само с мора. Дођите с ма-
пом. Спроводник брода није ми потребан. Аха... до
уносне возарине ми је засад стало, као до лањског
снега. Можете то рећи посреднику. Ја идем у град
и бићу тамо до увече.

– Шта се десило?

– Баш ништа, Пантене. Водите рачуна о томе
да не желим да ме ишта више испитујете. Кад за то

дође време рећи ћу вам у чему је ствар. Морнарима саопштите да нам предстоји оправка и да је месни док заузет.

– Добро, збуњено је рекао Пантен у леђа Греју, који је већ одлазио. – Биће извршено.

Мада су капетанова наређења била потпуно јасна, помоћник је избечио очи и узнемирено, још увек носећи тањир, појурио у своју кабину, мрмљајући успут: „Пантене, Пантене, тебе су изненадили. Да не мисли можда да покуша с кријумчарењем? Да не запловимо случајно под црном заставом пирата?“ И ту се Пантен запетља у најбесмисленије претпоставке. Док је он нервозно уништавао рибу, Греј се спусти у кабину, узе новац и прешавши залив, појави се у трговачкој четврти Лисе.

Сад је дејствовао одлучно и мирно, знајући већ све до ситница, шта му предстоји на чудноватом путу. Сваки покрет, мисао, акција – грејали су га префињеном насладом, као да ради неки уметнички рад. Направио је план за тили час и то врло прецизан. Његови појмови о животу беху подвргнути оном последњем захтеву длета, после чега мермер остаје миран у свом прелепом сјају.

Греј је обишао три радње, придајући посебан значај правом избору, јер је у мислима већ видео потребну боју и тон. У прве две радње показаше му свилу уобичајених боја, предвиђену да задовољи просту сујету; у трећој је наишао на примерак сложенијих ефеката. Власник радње се радосно устумара, извлачећи убајаћене тканине, док је Греј остао озбиљан, као неки анатом. Стрпљиво је одабирао тубе, измицао их, дизао, развијао и гледао на светлости толико мноштво црвених прелива, да је тезга, која је била под њима затрпана, изгледала као да ће планути. По врху Грејових чизама полегао је пурпурни талас; по његовим рукама и лицу, блистао је ружичасти одсјај. Претурајући по свили која је донекле пружала отпор, почео је да разликује боје: црвену, бледоцрвену, ружичасту и тамноружичасту, затим: засићено клокотање бордо тонова, наранџастих и угаситорићих. Овде су биле нијансе свих валера и прелива, различитих у свом тобожњем сродству – слично речима – „очаравајуће" – „дивно" – „изврсно" – „савршено" итд, итд. У наборима су се скривали наговештаји виђења недоступног језику, али она права црвена боја, није се дуго појављивала пред капетановим очима. То што је износио трговац било је добро, али није изазивало оно јасно и одлучно „да". Најзад један тон привуче купчеву пажњу; он седе у наслоњачу према прозору, извуче из шуштеће свиле њен други крај, пребаци га преко колена, па заваљен, с лулом у зубима, оста замишљено непокретан.

Ова савршено чиста, као рујно праскозорје боја, пуна племенитог и победоносног весеља, беше она отмена гримизна, коју је Греј управо тражио. У њој не беше смешаног одсјаја ватре, макових латица, ничега што би изазвало сумњу. Она је руделе лепотом, као осмех духовног одраза. Греј се толико замисли да је заборавио на трговца који је ишчекивао иза његових леђа, с оном напрегнутошћу ловачког пса, кад нешто вреба. Заморен чекањем, трговац га је подсетио на себе тиме што је почео да цепа некакав материјал.

– Доста је разгледања узорака – рекао је Греј устајући – узећу ову свилу.

– Цео комад? – сумњајући понизно, упита трговац. Али Греј му је ћутећи, само гледао у чело, због чега власник радње постаде мало слободнији. – Дакле, колико метара?

Греј је климнуо главом, позивајући на стрпљење, узе оловку и срачуна на хартији потребну количину.

– Две хиљаде метара. – Он са извесном сумњом погледа полице. Да, не више од две хиљаде.

– Две? – рече газда грозничаво подрхтавајући – као да је на федерима – хиљаде? Метара? Капетане, молим Вас седите. Можда желите, капетане, да погледате мустре и од ових тканина? Како хоћете. Изволите шибице, изволите доброг дувана, молим Вас, само узмите. Две хиљаде... две хиљаде по... Трговац рече цену која има такав однос према правој, као што то има заклетва према обичној речи „да“, али Греј је био задовољан и није хтео ни око чега да се цењка. – Изврсна, најбоља свила – продужавао је дућанџија – роба је првокласна, такву само код мене можете наћи.

Кад се најзад он сав изнаодушевљавао, Греј се договори с њим о допремању робе, преузе на себе и те трошкове, исплати рачун и оде, отпраћен са почастима, као да је кинески цар. За то време је на улици, преко пута ове радње, путујући музикант штимовао виолончело, приморавајући га да његовим тихим гудалом говори тужно и лепо; његов друг, свирач на флаути, засипао је жамором грленог звиждука певање струна; једноставна песмица којом су они испуњавали дворишта, успавана од врућине, допирала је до Грејових ушију и он у тренутку схвати шта треба даље да ради. Уопште узев, у току свих тих дана био је на оној срећној висини духовног виђења, са које је разговетно примећивао све наговештаје и дошаптавања која су допирала из стварности. Пошто је прошао сокаче, Греј прође кроз кућну капију где су наступали музиканти. Баш су се у том тренутку спремали да пођу даље; високи флаутиста с изразом утученог достојанства, захвално је капом махао прозорима, одакле су излетали новчићи. Виолончело се већ беше вратило под мишку свог газде, док је овај, отирући знојаво чело, очекивао флаутисту.

– Ха, па ти си то, Цимере! – рекао је Греј пошто је препознао виолинисту који је знао у предвечерје да увесељава морнаре својом предивном свирком у крчми „Паре на буре". – Зашто си изневерио виолину?

– Уважени капетане – самозадовољно одврати Цимер – свирао сам на свему што звучи и бубњи. У младости сам био музички кловн. Сад ме привлачи уметност и с тугом видим да сам упропастио несумњив таленат. Зато, из закаснеле пожуде, волим одједном две: виолу и виолину. На виолончелу свирам дању, на виолини ноћу, тј. као да плачем, ридам, због страћеног талента. Зар нећете да ме почастите вином, а? Виолончело – то је моја Кармен, а виолина...

– Асол – рекао је Греј.

Цимер није добро чуо.

– Јесте – потврдио је он – *соло* на бубњу и ударање по чинелама, то је већ друга ствар. Уосталом, баш ме брига! Нек се иживљавају, кревеље пајаци уметности, а ја знам да се на виолини и виолончелу увек одмарају виле.

– А шта се крије у мом „лур-лу-лу"? – упита придошли флаутиста, момчина овнујских плавих очију и светле браде. – Де, реци!

– Зависи од тога колико си од јутрос попио. Понекад – птица, понекад – алкохолна пара. Капетане, то је мој компањон Дус; причао сам му како разбацујете злато кад пијете, а он се, на невиђено, заљубио у Вас.

– Да, рекао је Дус – волим гест и галантност. Али, ја сам лукав, не верујте мом гнусном улагивању.

– Знате шта – рекао је Греј кроз смех – имам мало времена, а посао не трпи одлагање. Предлажем вам да добро зарадите. Саставите оркестар, али не од упарађених кицоша с лицима мртваца који су заборавили душу музике, па тихо умртвљују подијум својим неразумљивим шумовима – то не. Окупите своје људе, који приморавају обична срца куварица и лакеја да плачу – сакупите своје скитнице. Море и љубав не подносе педанте. Ја бих са задовољством поседео с вама, и то не само уз једну флашу, али треба да идем. Имам много посла. Узмите ово и попијте за слово А. Ако вам се допада мој предлог, дођите предвече на „Тајну“; усидрена је близу главног насипа.

– Слажем се – узвикну Цимер, знајући да ће Греј царски да плати. – Дусе, поклони се и маши шеширом од радости! Капетан Греј хоће да се жени!

– Да – једноставно је рекао Греј. – Детаље ћу вам саопштити на „Тајни“. А ви...

– За слово А – Дус је мунуо лактом Цимера, а подмигнуо Греју. – Али како је много слова у азбуци, дајте нешто и за Ш!

Греј даде још, па музичари одоше. Онда сврати у банку и издаде тајни налог на крупну суму – да се хитно исплати, у току шест дана. Док је Греј стигао до свог брода, агент из банке беше се већ укрцао на пароброд. Пред вече су донели свилу; пет једриличара које је ангажовао Греј, беше се сместило код морнара; Летика се још не беше вратио, а нису стигли ни музичари. У очекивању, Греј пође да поразговара с Пантеном.

Треба истаћи да је Греј у току неколико година пловио са истим саставом посаде. У почетку је капетан изненађивао морнаре својим каприциозним, неочекиваним путовањима; онда и застојима, понекад и по месец дана по најнепрометнијим и најпустијим местима, али су морнари постепено схватили Грејов „грејизам“. Он је често пловио натоварен шљунком, одбијајући да узме неки уносан товар, само зато што му се није допао понуђени терет.

Нико није могао да га наговори да превози сапун, ексере, делове машина или нешто друго што мрачно ћути у товарном делу, изазивајући само беживотне представе о некој досадној неопходности. Али је зато радо товарио порцелан, воће, животиње, зачине, чај, дуван, кафу, свилу, скупоцене врсте дрвета: ебоновину, сандалово дрво, палму. Све је то одговарало аристократизму његове фантазије и стварало живописну атмосферу. Није чудо онда што је тако посада „Тајне" васпитавана у духу оригиналности и што је донекле гледала с висине на све друге бродове, обавијене димом простог профита. Овога пута се Греј ипак сусрео са питањима која су се могла прочитати на њиховим лицима; и најглупљи морнар знао је да нема никакве потребе да ремонт врши у кориту неке шумске реке.

Наравно да им је Пантен саопштио Грејову наредбу. Кад је Греј ушао, његов помоћник је завршавао шесту цигарету и сав ошамућен шетао по кабини, спотичући се због дима о столице. Паде вече; кроз отворени прозорчић видела се златаста пруга светлости на којој је блистао лакирани штит капетановог качкета.

– Све је спремно – мрачно је рекао Пантен – ако хоћете, можемо дићи сидро.

– Морали бисте, Пантене, мене да познајете мало боље – меко је приметио Греј. – Нема ничег тајног у томе што ја радим. Чим будемо пустили сидро на дно Лилијане, рећи ћу вам све и нећете трошити тако много шибица на лоше цигарете. Идите, дижите сидро!

Збуњено се осмехујући, Пантен почеша обрве.

– Наравно да је то тако... ја тек онако...

Кад је он изашао, Греј је још неко време непомично седео и посматрао полуотворена врата, док није прешао у своју кабину. Тамо је час седео, час лежао, час падао у размишљања; ударац песницом о врата извео га је из тог стања; окренуо је кључ и пропустио Летику. Тешко дишући, морнар се зауставио са изгледом гласника који треба да спречи нечије погубљење.

– Летика – рекао је Греј, загледајући се у његове црвене очи – нисам те очекивао пре јутра. Да ли си сипао себи на потиљак хладну воду?

– Сипао сам, мада не онолико колико сам попио; све је урађено.

– Говори.

– Не вреди да се говори, капетане. Ево, све је овде записано. Узмите и читајте. Трудио сам се много. Идем.

– Куда?

– По Вашим прекорним очима видим да сам још увек недовољно сипао хладне воде на потиљак.

Окренуо се и изашао с чудним покретима као код слепаца. Греј је отворио хартију; мора бити да се сама оловка чудила кад је по цедуљици изводила цртеже, сличне расклиматаној огради. Ево шта је Летика написао: „У складу с инструкцијом. После пет сати сам пошао у шетњу. Кућа има сиви кров; по два прозора са стране; уз њу баштица. Дотична означена особа је излазила двапут – за воду једанпут, за дрва двапут. Кад је пао мрак, продро сам погледом кроз прозор, али ништа нисам видео из разлога завесе.“

Међутим, суштина овог извештаја говорила је једино о ономе што ми већ знамо из прве главе. Греј је ставио хартију у сто; звиждањем је позвао дежурног и послао га по Пантена. Али уместо помоћника, појави се боцман Атвуд, који је успут исправљао засукане рукаве.

– Ми смо се усидрили код насипа – рекао је он. – Пантен ме је послао да чујем шта желите. Он је заузет, на њега су навалили тамо некакви људи, с трубама, добошима и осталим виолинама. Да ли сте их ви позвали на „Тајну"? Пантен Вас моли да дођете – каже да му је нека збрка у глави.

– Да, Атвуде – ја сам позвао музиканте; идите и реците им да засад пређу у међупалубу. Видећемо касније како ћемо их сместити. Реците и њима и посади да ћу изаћи на палубу кроз четврт сата. Нека се окупе. И ви и Пантен ћете ме саслушати.

Атвуд је извио леву обрву као ороз; искошен, мало постојао поред врата и изашао. Тих десетак минута провео је Греј покривши лице рукама; ни за шта се није припремао, ништа није планирао, хтео је само мало да ћути сам са својим мислима. За то време су га сви очекивали с нестрпљењем и радозналошћу, пуном нагађања. Изашао је и видео на њиховим лицима невероватне ствари, али како је он лично сматрао да је оно што се догађа потпуно нормално, то се напрегнутост туђих душа у њему испољавала као нека блага срџба.

– Нема ничег нарочитог – рекао је Греј, седајући на степенице командног моста. – Остаћемо у ушћу реке све док не изменимо сву бродску опрему. Видели сте да је довезена гримизна свила; од ње ће се, под руководством Блента, мајстора за једра, направити за „Тајну" нова. Онда ћемо отићи – али куд, нећу рећи; у сваком случају, не много далеко одавде. Идем жени; она ми није још жена, али ће то бити. Потребна су ми гримизна једра да би нас још издалека, као што је договорено, она приметила. Ето, то је све. Као што видите, нема ничег тајног. И доста више о томе.

– Добро – рекао је Атвуд – пошто је видео по насмејаним лицима морнара да су пријатно изненађени и да се не усуђују да говоре. – Значи, у томе је ствар, капетане... Наравно, није наше да о томе судимо. Како Ви желите, тако ће бити. Честитам Вам.

– Хвала!

Греј је снажно стегао руку боцману, али овај, пошто је направио невероватан напор да одговори истим таквим стиском, учини да капетан устукне. После тога су сви један за другим прилазили и мрмљали честитке праћене стидљивом топлотом погледа. Нико није подигао тон, нико није загаламио – осетили су морнари нешто значајно у капетановим речима. Пантен је одахнуо и развеселио се, спао му је терет с душе. Само је један бродски тесар због нечега остао незадовољан; мало је држао Грејову руку и мрачно упитао:

– Како Вам то паде на памет, капетане?

– Као ударац твоје секире – рекао је Греј. – Цимеру! Покажи своје момке.

Ударајући по леђима музиканте, виолиниста је извукао из гомиле седморо људи, одевених крајње немарно.

– Ево – рекао је Цимер – ово је тромбон, он не свира, него бије као из топа. Ова два јунака без бркова су фанфаре – кад засвирају, оног тренутка пожелиш да ратујеш. Онда кларинет, пистон и друга виолина. Сви су они мајстори да загрле живахног примаша, то јест – мене. А ево и главног газде нашег великог умећа – Фрица, бубњара. Бубњари обично имају некакав разочаран израз лица, али *овај* удара достојанствено, притом са заносом. У његовој свирци има нешто отворено и директно, баш као што су и његови штапићи. Да ли сам све урадио, капетане Греје?

– Изванредно – рече Греј. – Свима вам је одређен смештај у товарном делу, који ће овог пута бити натоварен разним „скерцо“, „адађо“ и „фортисимо“. Идите сада. Пантене, скидајте ужад, и покрет! Сменићу вас кроз два сата.

Он та два сата није приметио, јер су они прошли у оној унутрашњој музици која није напуштала његову свест, баш онако као што би̏ло не напушта артерије. Мислио је само на једно, желео је само једно и тежио је само ка једном. Као човек од акције, он је у мислима претицао ток догађаја, жалећи само што не може да их покреће онако једноставно и брзо, као кад игра мице. У његовом мирном изгледу ништа није говорило о тој напрегнутости осећања, која су брујала по читавом његовом бићу. Све га је ово најзад довело до тога, да је почео да броји у мислима – један... два... тридесет, и тако даље, све док није рекао: хиљаду. Ова вежба је имала успеха; најзад је био способан да погледа са стране на свој подухват. Једино га је донекле чудила чињеница што није могао да замисли унутрашњу Асол, јер чак није ни реч проговорио са њом. Читао је негде да се може схватити човек макар и нејасно, ако замислиш себе као тог човека, на тај начин, што ћеш прекопирати на себе његов израз лица. Већ су Грејове очи почеле да попримају некакав чудноват, њима несвојствен израз, а усне под брковима да се формирају у лагани, кротки осмех, док ти се он ипак не трже, насмеја и пође да смени Пантена.

Било је тамно. С подигнутим оковратником на блузи, Пантен је ходао поред компаса и говорио кормилару: „У-левоо четвртину од правца ветра, у-левоо. Стој! Још четвртину!“ „Тајна“ се кретала с половином једара, праћена повољним ветром.

– Знате шта – рече Пантен Греју – ја сам задовољан.

– Чиме?

– Оним истим, чиме и Ви. Све сам схватио. Ево овде на овом мостићу. Он је лукаво подмигнуо и осветлио свој осмех ватром из луле.

– Дедер-де – рекао је Греј, досетивши се изненада у чему је ствар – шта сте ви то схватили?

82

– Ово је најбољи начин да се провуче кријумчарена роба – шапну Пантен. – Свак може да има једра каква жели. Имате генијалну главу, Греј!

– Јадни Пантене! – рече капетан, не знајући да ли да се љути, или да се смеје. – Ваша је досетка оштроумна, али лишена сваке основе. Идите и спавајте. Дајем вам реч да сте се преварили. Радим оно што сам рекао.

Послао је Пантена да спава, проверио је правац курса и сео. Сад ћемо га оставити, јер му је потребно да буде сам.

VI

АСОЛ ОСТАЈЕ САМА

Лонгрен је провео ноћ на мору; није спавао, није ловио, него је пловио под једрима без одређеног правца, слушао пљускање воде, гледао у тмину и размишљао, док га је шибао хладни ветар. У тешким животним тренуцима ништа му тако није враћало душевну снагу, као ови часови усамљеног лутања. Тишина, само тишина и самоћа – ето шта му је било потребно, да би сви најслабији и најзамршенији гласови унутарњег света разумљиво звучали. Ове ноћи размишљао је о будућности, о тегобама, о Асол. Било му је веома тешко да је напусти чак и привремено; хтео је да Асол има шта да једе, па је решио да поступа онако као што то налаже старање о некоме.

Кад се Лонгрен вратио, девојке још није било код куће. Њене ране јутарње шетње нису забрињавале оца; међутим, овога пута се у његовом очекивању осећала извесна напрегнутост. Шетајући по соби, он је при једном заокрету, *одједанпут* угледао Асол. Она је ушла нагло, али нечујно, па се ћутећи зауставила испред њега. Скоро да га уплаши неки чудан сјај њених очију који је изражавао узбуђење. Изгледало је као да се појавило њено друго лице, оно право лице човека о коме обично само очи говоре. Она је ћутала и посматрала Лонгрена тако незамисливо, да је он брзо упита:

– Да ниси болесна?

Она није одмах одговорила. Кад се најзад смисао питања додирнуо њеног слуха, Асол уздрхта као гранчица при додиру руке, па се засмеја дугим, уједначеним смехом тихог тријумфовања. Требало је нешто да каже, али, као и увек, није морала да смишља било шта, те рече:

– Не, здрава сам... Зашто тако гледаш? Весела сам. Стварно сам весела зато што је дан тако леп. А шта си ти смислио? Видим већ по твоме лицу да нешто смишљаш.

– Смислио сам што сам смислио – рече Лонгрен – знам да ћеш схватити у чему је ствар. Нема се од чега живети. Нећу више ићи на далеку пловидбу, него ћу ступити на поштански брод који саобраћа између Касета и Лисе.

– Хм-хм – одсутно је рекла, правећи напор да се унесе у његове бриге и послове, али се истовремено и осети кривом што нема снаге да престане са својим радовањем. – Да, то је врло лоше; биће ми стварно досадно; врати се што пре, ја те чекам.

– Асол! – рекао је Лонгрен и узео у шаке њено лице. – Испричај шта се десило?

Осетила је како мора да одстрани његову узнемиреност и, победивши ликовање, постала је озбиљно-плашљива; једино је у њеним очима још увек блистао нови живот.

– Чудан си – рекла је. – Није се десило баш ништа. Скупљала сам лешнике.

Да није био заузет својим мислима, Лонгрен не би баш поверовао у то. Њихов разговор постао је пословаван, до у детаље. Морнар је рекао ћерки да му спакује врећу, набројао је све неопходне ствари и дао неколико савета:

Вратићу се кроз десет дана, а ти напуни моју пушку и седи код куће. Ако се некоме прохте да те увреди, ти реци: Лонгрен ће се брзо вратити. Не

брини и не узнемиравај се због мене: ништа се лоше неће догодити.

Затим је презалогајио, пољубио ћерку и, забацивши врећу на леђа, изашао на градски друм. Асол је гледала за њим све док није замакао иза окуке, а онда се вратила. Очекивало је доста домаћих послова, али је она на то заборавила. Са благим чуђењем се осврћала унаоколо, као да је већ *туђа* у овој кући, која је тако много утиснута у њену свест од раног детињства, а сад јој изгледа да личи на онај завичајни дом, у који се навраћа после неколико година, при повратку из неког другог живота.

Није могла да издржи тек онако да седи; изашла је из куће и пошла у Лису. Она тамо уопште није имала никаквог посла; није знала због чега иде – али да не иде, није могла. Успут је срела неког намерника који је хтео да сазна некакав правац; она му је одмах разговетно објаснила што му је требало и одмах на то заборавила. На тргу је пружила руку под млаз фонтане, мичући прстима под млазом који се одбијао; онда је села, одморила се и вратила на шумски пут. Враћала се ведре душе, у светлом расположењу. Приближавајући се селу, угледала је баш оног ћумурџију коме се једанпут учинило да му је процветала корпа. Асол се обрадова.

– Добар дан Филипе – рекла је – шта радиш овде?

– Ништа, бубице. Испао ми је точак, поправио сам га и сад пушим и чаврљам с нашим момцима. А откуд ти?

Асол није одговорила.

– Знаш, Филипе – почела је да прича – много те волим и зато ћу само теби нешто рећи. Ја ћу ускоро да одем одавде; вероватно заувек; немој никоме да причаш о томе.

– Ти хоћеш да одеш? Куда се то спремаш? – зачудио се ћумурџија и отворио упитно уста.

– Не знам. – Али, поразмисливши, додаде: – Све ми је то непознато. Не знам ни дан, ни час, чак не знам ни куда ћу. Више ти ништа нећу рећи. Зато, за сваки случај, збогом! Често си ме возио.

Дохватила је његову гломазну, црну руку и почела лагано да је дрмуса. Филипово лице се беше распукло у непокретан осмех. Девојка је климнула главом, окренула се и отишла. Ишчезла је тако брзо да ни он, а ни његови другари нису успели за њом да се окрену.

– Чудно – рекао је ћумурџија – ајд сад, разуми је. Нешто данас није с њом... и тако даље и тако ближе.

– Тачно – подржа га један од присутних момака. – 'Оће да прича, а да не каже.

– Ма баш нас брига – рече онај трећи.

Онда су сва тројица села на кола која су тандркала по калдрми и изгубила се у облаку прашине.

VII

ГРИМИЗНА „ТАЈНА"

Беличасто јутро; у огромној шуми лежи танана измаглица пуна чудесних утвара. Неки непознати ловац, који тек што беше напустио своју ватру, крену низ реку. Један изненадни звук одјекну између дрвећа – као неочекивана узбуна; негде је засвирао кларинет. То је један од оних музичара изашао на палубу и одсвирао одломак мелодије, пун сетног, отегнутог понављања. Звук је дрхтао као глас који прикрива тугу; а далеки ехо отпевао је ту исту мелодију.

Пошто је обележио траг сломљеним гранчицама, ловац се проби до воде. Магла се још не беше подигла, те су се у њој губили обриси огромног брода који је лагано заокретао према ушћу реке. Са брода су се чули гласови и кораци. Покушавајући да дува, обалски ветар је лењо трзао једра. Ваздушни притисак се беше издигао па се по попречници изли магла у виду лебдећих гримизних ружа. Ружучасте сенке су клизиле по белини јарбола и ужади; све је било бело, осим оних разапетих, гипких једара боје снажне радости.

Гледајући са обале, ловац је дуго трљао очи, док се стварно није убедио да види баш овако, а не друкчије. Брод се сакри иза окуке, а ловац остаде још увек да стоји и посматра.

Док се „Тајна" кретала по кориту реке, Греј је стајао поред кормиларског точка, не желећи да повери волан морнару, пошто се бојао спрудова. Пантен је седео поред њега у новом штофаном оделу, с новим блиставим качкетом, обријан и смирено намргођен. Као и раније он није осећао никакву везу између гримизне опреме и непосредног Грејовог циља.

– А сад – рекао је Греј – кад моја једра већ руде, кад имамо добар ветар и кад је у моме срцу више среће него у слона кад види малену земичку, покушаћу да вас наштимујем на моје мисли, као што сам то обећао у Лиси. Узмите у обзир да вас ја не сматрам за глупог, или тврдоглавог човека, не, ви сте типичан морнар – а то много значи. Међутим, ви, као и већина, слушате гласове свих једноставних истина, притом, кроз дебело стакло живота; оне вичу, али их ви не чујете. Ја чиним оно што постоји као древна представа о лепоти, тј. о – неоствариvom; а што је у суштини исто тако и могуће, баш као и шетња изван града. Ускоро ћете видети девојку која не може, која *не треба на други начин* да се уда, него само на овај, који ја развијам пред вашим очима.

Он је сажето испричао морнару оно што ми већ добро знамо, и завршио своје излагање овако:

– Видите како су овде тесно сплетене судбине, воља и особености карактера; ја долазим оној која чека, и која само мене може да чека; а ја опет нећу ниједну другу осим ње, можда баш зато што, захваљујући њој, ја могу да схватим једну једноставну истину. А она се састоји у овоме: такозвана чуда остварују се својим рукама. Кад је за неког човека главно да добије драгоцену петокопејку, онда је лако да му даш тај новчић; али кад душа скрива зрно несагориве купине* – то јест чудо – онда треба да му оствариш то чудо ако си у стању.

---

* Према Библији, Господ Бог се јавио Мојсију преко несагориве купине. (*Прим. прев.*)

И он ће имати нову душу, и ти ћеш имати нову. Кад управник тамнице *сам* пусти затвореника, кад милионер поклони писцу вилу, оперску певачицу и сеф, а џокеј бар једном задржи свог коња на трци ради другог коња који тешко успева, онда ће сви схватити како је то пријатно, како је неизрециво чудесно. Али, има још великих чуда: осмех, весе-лост, *праштање* – и у правом тренутку казана по-требна реч. Владати овим – значи владати свим. Што се мене тиче, наш ће почетак – мој и Асолин – за нас увек бити гримизни одсјај једара, створених дубином срца, које зна шта је љубав. Јесте ли ме схватили?

– Да, капетане – накашља се Пантен и обриса бркове марљиво сложеном чистом марамицом. Све сам схватио. Ганули сте ме. Идем одмах доле да за-молим опроштај од Никса, кога сам јуче изгрдио због потопљене канте. И даћу му дувана, он је свој проиграо на картама.

Пре него што је Греј, донекле зачуђен тако бр-зим практичним резултатом својих речи, успео би-ло шта да каже, Пантен је већ затутњао низ по-кретне мердевине и негде у даљини уздахнуо. Греј се осврну; погледа навише; пред њим су се у тиши-ни отварала гримизна једра; сунце је њихове рубо-ве обасјавало пурпурним димом. Удаљавајући се од обале, „Тајна“ је пловила према мору. У звонкој Грејовој души не беше никакве сумње, нити глухих удараца узнемирености; миран као једро, стремио је чаробном циљу, пун оних мисли које наткриљују речи.

Пред подне се на хоризонту показао дим из јед-не војне крстарице. Крстарица је променила пра-вац и на растојању од пола миље дала сигнал „за-уставити брод“.

– Браћо – рекао је Греј морнарима – не бојте се, неће гађати у нас, они просто не верују својим очима.

Издао је наређење да се стане. Вичући као да је пожар, Пантен је извео „Тајну“ из дејства ветра; брод се зауставио; а од крстарице је појурио моторни чамац са посадом и поручником с белим рукавицама. Пошто се попео на палубу брода, поручник се зачуђено обазре и пође са Грејом у кабину. Отприлике кроз сат враћао се ка крстарици, машући некако чудно руком, и осмехујући се, као да је добио чин. Очигледно да је овога пута Греј имао више успеха, него код простодушног Пантена, јер је крстарица, успоривши ход на хоризонту, испалила моћни поздравни плотун, од кога се устремљени дим, пробијајући ваздух у огромним светлуцавим лоптама, разнео у комадиће над тихом водом. Целога дана на крстарици је владала некаква полупразнична запрепашћеност; расположење је било незванично, опуштено – у знаку љубави. О њој су свугде говорили, од салона до машинског одељења, а стражар минополагачког бокса, упита једног морнара који је пролазио поред њега:

– Томе, како си се ти оженио?

– Ухватио сам је за сукњу кад је хтела од мене да побегне кроз прозор, рече Том и поносито усука брк.

Неко време је „Тајна“ ишла отвореним морем, а пред подне је пукла удаљена обала. Узевши дурбин, Греј га је уперио према Каперни. Да није било низа сеоских кровова, он би поред прозора једне куће угледао како Асол седи, са књигом у руци. Она је читала. По страници је милела зеленкаста бубица и зауставила се код речи „гледај“. Хтела је одлучно да је одува, али јој је поглед у једном тренутку случајно прелетео од једног до другог крова и открио кроз уличне пролазе на модрој морској пучини, бели брод с гримизним једрима.

Она је уздрхтала, забацила главу и обамрла. Онда је нагло скочила, срце јој је вртоглаво пада-

ло, а сузе незадрживо навирале, услед доживљеног стреса. „Тајна“ је у том тренутку заобилазила мали врт и према обали уперила угао левог бока. Са беле палубе, под пламеном гримизне свиле изливала се тиха музика у плавичасти дан; она музика ритмичких прелива, која није баш сасвим добро интерпретирана, али са већ свима познатим речима: „Налијте, налијте чаше – испићемо, пријатељи, за љубав!“ У једноставности те музике, ширило се и жуборило узбуђење.

Не сећајући се како је изашла из куће, Асол је већ трчала према мору, захваћена неодољивим вихором догађања; на првом углу се зауставила скоро без снаге; ноге су јој се биле одузеле, дисање се прекидало, свест је висила о концу. У страху да не изгуби вољу, лупнула је ногом и продужила. На тренутак су кровови и ограде скривали гримизна једра, а кад је поново угледала брод, зауставила се с олакшањем.

За то време је у Каперни дошло до такве пометње, до таквог узбуђења и такве опште узбуне, која није уступала ефекту знаменитих земљотреса. Прво, још никад тако велики брод није прилазио овој обали; друго, брод је имао таква једра, чији је изглед личио на подсмех. У овом тренутку су она јасно и неоспорно пламсала са оном невиношћу чињенице, која оповргава све законе и битисања и здравог разума. Мушкарци, жене и деца су без даха јурили према обали, онако како су се затекли. Житељи Каперне су се дозивали по двориштима, налетали један на другог, јаукали и падали. Ускоро се код саме воде формирала гомила и у ту гомилу је нагло утрчала Асол.

Још док она није била стигла, њено је име прелетало од уста до уста, с нервозним, суморним немиром и злобним страхом. Мушкарци су више говорили, док су запањене жене пригушено, са змијским сиктањем, јецале, а кад би нека започињала да тороче, отров би јој навирао у главу. Чим се Асол појавила, сви су умукли; сви су се у страху одмакли од ње, те је она остала сама усред празнине врелог песка, беспомоћно пружајући руке према високом броду, сва смушена, сметена, срећна, са исто тако гримизним лицем као њено чудо.

Од брода се одвоји један чамац, пун препланулих веслача; међу њима је стајао онај, кога је, како јој се сада чинило, она већ познавала, нејасно га се сећала још из детињства. А он је гледао у њу с осмехом који је грејао; међутим, хиљаде последњих смешних страхова обузе изненада Асол; у једном тренутку она се смртно свега уплаши – неке грешке, неспоразума, неке тајанствене и пакосне сметње. Онда утрча до појаса у топло њихање таласа и поче да виче: „Овде сам, овде, то сам ја!"

Тада Цимер размахну гудалом, па она иста мелодија загрме по нервима гомиле, али овога пута у пуном свечаном хору. Од силног узбуђења, од покретања облака, лелујања таласа, сјаја воде и даљине, Асол скоро да није ни могла да разликује шта се то покреће: она, брод или чамац, јер се све ковитлало и прекидало.

Међутим, весло је оштро пљуснуло близу ње; она је подигла главу. Греј се нагао и њене су се руке обавиле око његовог појаса. Асол је зажмурила, па се брзо, отворивши очи, смело осмехнула његовом блиставом лицу, па губећи дах, рекла:

– Баш овакав!

– Мила моја, и ти иста таква! – рекао је Греј, вадећи из воде мокру драгоценост. – Ево, дошао сам, да ли си ме препознала?

Она је, затворених очију климнула главом држећи се за његов појас, сад већ са новом душом. У њој је срећа лежала као уснуло маче. Не сећајући се како, тек она се мердевинама попела ношена снажним Грејовим рукама. Палуба, украшена ћилимима, у гримизном преливању једара, била је као небеска башта. Убрзо је Асол приметила да се налази у кабини, у ствари у једној соби, од које се ништа боље не може замислити.

Онда је негде одозго поново одјекнула громка музика; Асол је опет затворила очи, бојећи се – ако буде гледала, да све то не ишчезне. Греј је узе за руке, а она је, знајући сада шта може сигурно да уради сакрила своје лице, мокро од суза, на груди човека, који је тако чаробно дошао. Опрезно, али с осмехом, и сам потресен и зачуђен што је дошао тај неисказани, непојмљиви, драгоцени тренутак, Греј је подигао за подбрадак то давно-давно сањано лице и девојачке очи су се најзад јасно отвориле. – У њима је било све оно што је најбоље у човеку.

– Хоћеш ли да узмеш са нама мог Лонгрена? – рекла је она.

– Да. – И тако снажно пољуби девојку после његовог чврстог „да“, да се она засмејала.

Сада ћемо отићи од њих, знајући да им је потребно да остану насамо. На свету има много речи на разним језицима и на разним наречјима, али помоћу свих њих, чак ни изблиза не можеш рећи то, што су они казали једно другоме тога дана.

У међувремену је на палуби код главног јарбола чекала на ред целокупна посада, поред црвоточног бурета; извађени затврач је открио столетњу тамну благодат. Атвуд је стајао, а Пантен је седео, сав блистав, као да је поново рођен. Греј се попе горе, даде знак оркестру, па, пошто је скинуо качкет, захвати први кристалном криглом заветно вино, уз појање злаћаних труба.

– Е, ево овако... рече испивши, па баци криглу. – А сад пијте, пијте сви, ко не пије тај ми је непријатељ!

Није морао двапут да каже. Док је у међувремену пуном паром под свим једрима одлазила „Тајна“ из заувек ужаснуте Каперне, гужва око бурета је превазишла све оно што се те врсте дешава на великим празницима.

– Како ти се свидело? – упитао је Греј Летику.

– Капетане – рекао је морнар, тражећи речи – не знам само да ли сам се само ја њему свидео, тек о мојим утисцима морам да поразмислим. – Кошница и Башта!

– Шта рече?

– Хоћу да кажем да су у мојим устима и кошница и башта. Будите срећни, капетане. И нек је она срећна; именоваћу је као „најбољи товар“, као најбољу награду „Тајни“.

Кад је други дан почео да свиће, брод је био далеко од Каперне. Један део посаде, оборен Грејовим вином, као да беше заспао, тако и остаде да лежи на палуби; на ногама су се држали једино кормилар, дежурни, као и замишљени и мамурни Цимер, који је седео на крми са дршком виолончела под подбратком. Седео је и тихо помицао гудало приморавајући струне да говоре чаробним неземаљским гласовима и размишљао о срећи.

СПБ. 1920–1921.

ПОГОВОР

Руски и совјетски писац ове чудесне прозе, Александар Степанович Гриневецки (рођен 1880. г.), имао је необичан, богат, буран и разноврстан живот, који се трагично завршио 1939. у злогласним сибирским логорима.

После завршетка средње школе у своме месту Бјатску, од своје шеснаесте године, отпочео је да обилази уздуж и попреко Русију. Током тог неуморног путовања по пространствима своје огромне домовине, бавио се разним пословима и занимањима. У Одеси је био морнар, риболовац у водама Црнога Мора, трагач за златом на Уралу, да би најзад ступио у војску. У армији се зближио са социјалним револуционарима, па је постао велики пропагатор нових идеја међу морнарима и војницима. Због тога је трипут био у прогонству.

Прва његова приповетка, *Заслуга редова Пантелејева*, написана 1906, била је тако неприхватљива за режим, да је чак полиција цео тираж спалила. Од 1908. своја књижевна дела почиње да потписује са А. С. ГРИН, јер се у то време баш крио од полиције.

У својим прозним текстовима – романима, повестима и приповеткама – најчешће је литерарно уобличавао своја лична доживљавања. Како су она по правилу бивала тешка и тегобна, он их је у својим делима радо преображао у фантастичну срећу и хумор. Познати су његови романи: *Блистави свет, Луталица на таласима, Пут у Никудију*, затим *Аутобиографска повест*, те *Гримизна једра*, жанровски одређена као *феерија*, тј. чаролија. Такође су познате његове приповетке *Острво Рено, Догађај у улици пса, Пацоловац*, и многе друге.

Читаво књижевно стваралаштво А. Грина прожето је романтично-фантастичним и симболистичким доживљавањем света. Он је изврстан пејсажиста који дубоко осећа природу у њеној целовитости. Веома је префињен познавалац гибања људске душе, па успешно исказује и оно што се чинило неизрецивим. Велики је мајстор у обликовању ликова и поседује умеће да свакодневно животарење уздигне на вишу, пунију, чак и поетску раван. Његов хумор потпуно је неочекиван, неуобичајен. Прави сасвим оригиналне метафоре. Поседовао је невероватно плодотворну снагу фантастичне уобразиље, која се истовремено темељила на студиозном, прецизном и детаљном познавању ситуација и амбијената које описује. Био је у стању да потпуно дочара измишљене земље, градове или догађања.

Александар Грин је веровао у човекове способности које му је Провиђење подарило и у човекову обавезу да ту Божју вољу сваки појединац треба у себи да открије и својим моћима да је реализује. А та Божја воља најчешће је дата људима чистога срца и душе, спремним да се жртвују за оно најлепше у животу: за љубав, поштење, доброту, човечност; и онима који су спремни на праштање.

Неки мисле да је то само апстрактни романтичарски занос, али писац Александар Грин поручује да је и пророчка предодређеност нераздвојиво везана за ону идеју из народне пословице „човек је сам ковач своје среће“. У то се укључује и срећа његовог вољеног бића.

Управо зато, *Гримизна једра* једно су од најбољих његових књижевних дела. Није онда случајно што је руски композитор Јурјевски написао музику за балет на основу ове предивне чаролије и што је филмски редитељ А. Птушко 1961. године снимио филм „Гримизна једра“, или, у оригиналу, „Алые паруса“.

Ову књигу с великим задовољством пружамо нашим младим читаоцима, са жељом да се унутрашња лепота њених главних јунака – Артура Греја и девојке Асол – на известан начин уклопе у њихове духовне одлике.

Мира Лалић

100

САДРЖАЈ

Александар Грин
ГРИМИЗНА ЈЕДРА

*

Главни уредник
НОВИЦА ТАДИЋ

*

Лектор
МИЛАДИН ЂУЛАФИЋ

*

Коректор
НАДА ГАЈИЋ

*

Технички уредник
ЂУРО ЦРНОМАРКОВИЋ

*

Илустрације
МИЛИЦА СИМОЈЛОВИЋ

*

Издавач
ИП РАД
Београд, Дечанска 12

*

За издавача
СИМОН СИМОНОВИЋ

*

Припрема текста
Графички студио РАД

*

Штампа
Елвод-принт, Лазаревац

CIP – Каталогизација у публикацији
Народна библиотека Србије, Београд

882-31

ГРИН, Александар

   Гримизна једра : чаролија / Александар Грин ; [превела и
поговор Мира Лалић] ; [илустрације Милица Симојловић]. –
Београд : Рад, 2001 (Лазаревац : Елвод-принт). – 101 стр. :
илустр. ; 20 cm. – (Библиотека Посебна издања)

Превод дела: Alye parusa. – Поговор: стр. 99–100.

ISBN 86-09-00577-1

ИД=89901324

www.ingramcontent.com/pod-product-compliance
Lightning Source LLC
LaVergne TN
LVHW021610080426
835510LV00019B/2506